À Lynette
pour son
soutien, son
aide et sa
générosité
constantes envers
notre association.
Avec Tous mes
remerciements.

Légendes du Tibet

Natacha

Natacha R. Kimberly

Légendes du Tibet

Ramsay
91bis, rue du Cherche-Midi 75006 Paris

Note de l'auteur

Peu de pays ont autant fait rêver que le Tibet, terre de légendes, que l'on nomme aussi « le toit du monde » ou « le pays des neiges éternelles »…

Les récits sur ce pays difficile d'accès, par son isolement, l'aspect de son relief dont l'altitude moyenne dépasse les 4 000 mètres, et son étendue géographique, équivalente à sept fois celle de la France, ont enflammé l'imaginaire de tous ceux qui les ont lus ou entendus.

Les mêmes histoires fabuleuses circulent, que l'on se trouve au sud et à l'ouest, sur l'aire de l'Hindu Kush-Himalaya, au nord, dans les plaines de l'Asie Centrale ou à l'est, dans les vallées fertiles qui abritent les plus grands fleuves d'Asie.

Même l'invasion chinoise, en 1949, la répression qui s'en est suivie et la fuite de leur chef spirituel, Sa Sainteté le XIVᵉ Dalaï Lama en 1959, n'ont pas réussi à endiguer l'amour des Tibétains pour les contes et légendes, et à éteindre leur sens de l'humour et leur goût pour le merveilleux et le surnaturel.

Les récits contenus dans ce recueil ont pour objet de donner un aperçu de toute la richesse de la tradition orale tibétaine. Ils sont l'essence même d'une culture toujours vivante et diversifiée, loin d'être moribonde, et ce malgré la tentative d'anéantissement dont les Tibétains font l'objet de la part de leur occupant.

Il était une fois… Dans un pays lointain… Sur le toit du monde… Un peuple qui n'a jamais cessé de croire en son identité, de se battre pour ses valeurs et qui continue, jour après jour, à transmettre à ses enfants, ses contes et légendes, afin qu'ils grandissent en n'oubliant jamais qui ils sont, et à quel peuple ils appartiennent…

Préface

D'où viennent-ils? Quand sont-ils apparus? Qui en sont les auteurs? Les contes sont à la littérature ce que les nuages sont au vaste ciel. Ils apparaissent au gré des vents, s'étirent, prennent des formes émouvantes, superbes ou grotesques. Ils franchissent les frontières sans passeport, séjournent où bon leur semble. Ils sont drôles, tristes, amoureux et se parent d'or dans les derniers rayons du jour. Mais leur vrai domaine c'est la nuit, lorsque les feux crépitent et que le sommeil tarde à venir. Alors les arbres deviennent bavards, les chiens sont des fils de rois à qui l'amour de filles belles et vertueuses redonne leur forme humaine. Sur l'écran étoilé apparaissent des guerriers légendaires, des châteaux puissants, des animaux inconnus.

On l'a compris, les contes aiment les grands espaces, les steppes, les montagnes. Pas étonnant que les nomades du haut plateau himalayen, arpenteurs du Pays des Mythes, soient devenus experts en l'art de capturer les rêves, de les dresser avec habileté puis, dans le grognement des yaks, bien gardés par des molosses familiers, de les psalmodier dès qu'un public est prêt à entendre la légende. Le plus souvent, on la connaît déjà mais qu'importe. Et d'ailleurs ce n'est jamais tout à fait la même. L'habileté du conteur est précisément de rajouter une interjection, un chant, un proverbe qui fait mouche. La voix des Popola et des

9

Momola est pleine de ressources, de silences imprévus, de diversions qui attisent l'impatience.

Ils sont hors du temps de l'Histoire, près du temps cyclique des saisons, de la vie et de la mort, des bonheurs et des peines. Ils disent l'inconscient collectif et, mieux que les traités des ethnographes, nous transmettent un monde où les dieux d'en haut, les Lha, sont honorés tout autant que ceux des eaux, les Lu, où chaque montagne est habitée, chaque vallée résonne des paroles d'un sage. Monde où la magie et les merveilles se glissent dans les travaux et les gestes quotidiens, ramasser du bois, allumer le feu, préparer le thé, traire la dri. Mais l'Histoire a besoin d'eux, car ils sont le terreau du renouveau. « Le changement, écrit Alain Daniélou, s'il résulte de l'oubli des traditions, est plus souvent une perte qu'un profit. Les peuples qui perdent leur langue et leur musique cessent d'exister en tant qu'entité culturelle et n'apportent plus aucune contribution au patrimoine mondial*. » Poussés sur la route de l'exil ou demeurés au pays malgré les terribles rigueurs de l'occupation chinoise, les Tibétains n'ont pas cessé de parcourir leurs chemins de mémoire, de se nourrir de cette nourriture immatérielle que sont les contes. Une riche littérature, en Amdo ou au Tibet Central, témoigne de cette capacité à garder vif l'art de la métaphore poétique qui fait parler les fleurs** et réfléchir les renards. Et ils ne se résignent pas non plus à oublier que ce sont les simples et les fous, ceux qui savent encore voir le monde avec les

---

*Alain Daniélou, *Origines et pouvoirs de la musique*, éditions Kailash.

** Langdun Paljör, *La Controverse dans le jardin aux fleurs*, éditions Bleu de Chine.

yeux du Seigneur du Cœur (Nyingjé) qui l'emporteront toujours sur les calculateurs avides et brutaux. Pourquoi ? Nous inspirant d'une légende rapportée par Corneille Jest, nous pourrions tenter cette explication : lorsque le seigneur Bouddha décida de transmettre aux hommes l'essentiel de sa sagesse, il les convoqua tous. Les plus forts et les plus rapides s'emparèrent de tous les textes si bien que le pauvre Lepcha, arrivé bon dernier, n'eut droit qu'à une seule lettre, qu'il plaça dans sa bouche et qu'il avala. Le voyant triste, le Bouddha s'approcha et lui dit : « Les autres, les plus forts, ont désormais ma sagesse dans leurs livres. Mais toi Lepcha, tu l'as dans ton cœur. »

En recueillant patiemment ces contes sur les chemins du Zanzkar, du Ladakh ou parmi les exilés de Dharamsala, Natacha R. Kimberly non seulement participe à la survie d'un peuple, mais elle nous apporte de quoi nourrir notre admiration pour lui et notre compassion agissante. Voilà pourquoi il faut dévorer ces contes de bon appétit !

Jean-Paul RIBES

MONTAGNES, FLEUVES ET RIVIÈRES DU TIBET

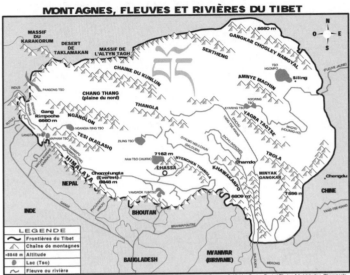

© Department of Information and International Relations 1992. Designed on computer by Lobsang Namgyal, Common Publishing Center, Central Tibetan Administration, Dharamsala.
© ECO-TIBET FRANCE & CSPT pour la version française 1993. © P. Le Gac pour la version web 1999.

TIBET SOUS OCCUPATION CHINOISE

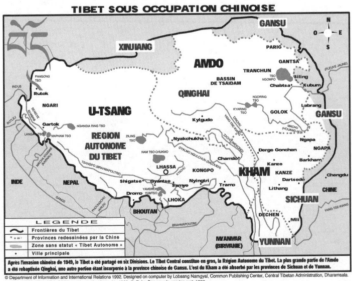

Après l'invasion chinoise de 1949, le Tibet a été partagé en six Divisions. Le Tibet Central constitue en gros, la Région Autonome du Tibet. La plus grande partie de l'Amdo a été rebaptisée Qinghai, une autre portion étant incorporée à la province chinoise de Gansu. L'est du Kham a été absorbé par les provinces de Sichuan et de Yunnan.

© Department of Information and International Relations 1992. Designed on computer by Lobsang Namgyal, Common Publishing Center, Central Tibetan Administration, Dharamsala.
© ECO-TIBET FRANCE & CSPT pour la version française 1993. © P. Le Gac pour la version web 1999.

*Ce recueil est dédié au peuple tibétain,
en hommage à sa culture et à son identité.*

*« Quand volera l'oiseau de fer et que les
chevaux iront sur des roues, les Tibétains seront
dispersés à travers le monde comme des fourmis, et
le Dharma ira dans la terre de l'homme rouge. »*

PADMASAMBHAVA, VIIIe siècle.

« *C'est parce que le conte se situe au-delà des différences culturelles et ethniques qu'il peut voyager aussi facilement : les contes semblent être un langage international, quels que soient l'âge, la race ou la culture.* »

Marie-Louise VON FRANZ

« Dans la bouche de chaque Tibétain,
il y a une chanson. »

Le jeune vendeur d'huile
de la vallée tibétaine

IL ÉTAIT une fois, il y a très, très longtemps, un jeune vendeur d'huile d'une région appelée la vallée tibétaine. Tous les gens qui le connaissaient l'appelaient le vendeur d'huile de la vallée.

Une année, il eut une si belle et importante récolte qu'il quitta sa région pour aller vendre son huile très loin de sa vallée d'origine.

Partout où il passait, il entendait la même histoire. Les gens lui parlaient, sans cesse, d'une belle et mystérieuse jeune femme qui vivait, avec sa mère, dans une des régions lointaines de la Chine.

Les personnes que le vendeur d'huile rencontrait disaient à propos de cette jeune Chinoise qu'elle était d'une si grande beauté qu'elle ne pouvait pas être une jeune femme ordinaire, mais une déesse, venue sur terre pour éprouver tous les jeunes hommes qu'elle croisait.

Cette histoire était connue de tous ceux que le vendeur d'huile rencontrait. Et, à chaque fois que le jeune homme les écoutait raconter cette histoire, il se demandait à quoi pouvait bien ressembler le cœur d'une jeune femme aussi parfaite. Il se disait également qu'il pourrait s'en faire une meilleure idée s'il la voyait, ne serait-ce qu'une fois. C'est ainsi que l'idée de partir pour la Chine s'ancra dans son esprit et qu'un beau matin, il prit le chemin de la contrée lointaine où habitait la jeune beauté.

En Chine, le voyage fut difficile, il eut faim et froid. Il eut également de grandes difficultés pour se faire comprendre car il ne parlait pas la langue du pays. Il continua néanmoins sa route et ne se découragea pas, malgré les obstacles.

Quand le jeune homme posait des questions, en tentant de se faire comprendre, les villageois à qui il s'adressait se moquaient de lui et certains même venaient à l'humilier mais, un beau jour, tant bien que mal, il finit par arriver devant la maison de la jeune femme et de sa mère.

Il frappa à la porte d'entrée et appela :

– Wa yé, wa yé !

Une vieille femme se présenta à la porte et répondit :

– Wa yé ! Que veux-tu, jeune homme, et qui cherches-tu ?

Le jeune vendeur d'huile de la vallée dit avec un grand respect en s'adressant à la mère de la jeune femme :

– Kyé, kyé, chère mère ! Ne vous fâchez pas. Je viens de très loin, du Tibet. J'ai fait un très long chemin pour vous rencontrer, vous et votre fille, et je vous demanderais d'avoir la gentillesse de m'offrir l'hospitalité pour la nuit. Et il lui expliqua en détail les raisons de son voyage.

La vieille femme, touchée par le récit du jeune homme, éprouva une grande compassion. Elle lui souhaita la bienvenue de bon cœur, accepta de lui offrir l'hospitalité, le fit entrer chez elle, et fut aux petits soins pour lui.

Le vendeur d'huile de la vallée était déjà depuis quelques heures dans la maison de la vieille femme. Comme il n'avait toujours pas réussi à apercevoir sa fille, dont la réputation de beauté avait largement dépassé les frontières de la contrée, il lui demanda :

— Kyé, kyé, chère mère, où donc est partie votre fille aujourd'hui ?

La vieille femme répondit avec un grand sourire :

— Je comprends que tu sois impatient de rencontrer ma fille, mais nous gagnons notre subsistance grâce à ses danses et à ses chants, et nous avons besoin de ce petit salaire. Ma fille est partie, ce matin, chanter et danser dans un village sur l'autre rive du fleuve.

— Oh, c'est vraiment bien. Moi aussi, je suis quelqu'un qui aime les chants et les danses. Votre fille et moi avons les mêmes goûts semble-t-il, et il resta devant la fenêtre à guetter l'arrivée de la jeune fille.

Tandis que le soleil commençait à descendre à l'horizon et que le jeune homme aidait la vieille femme à mettre du bois dans l'âtre, quelqu'un frappa à la porte. La vieille femme sourit, se tourna vers le vendeur d'huile et dit :

— Wa yé, ma fille est revenue. Va vite ouvrir la porte, jeune homme !

— D'accord, avec grand plaisir, répondit le jeune vendeur d'huile de la vallée.

La mère n'eut pas besoin de lui dire plusieurs fois. Il bondit vers la porte d'entrée, le cœur empli d'allégresse, et l'ouvrit à toute volée.

Le jeune homme resta bouche bée et regarda, de la tête aux pieds, la jeune femme à laquelle il avait ouvert. Il était subjugué par la beauté irréelle de la belle, et obtint les réponses à toutes les questions qu'il s'était posées lors de son long périple. En effet, le vendeur d'huile constata que l'esprit de la jeune femme qui se tenait devant lui était doux et pur comme du coton, que son visage rayonnait d'un éclat semblable à la pleine lune, et que son corps était souple et mince comme du bambou. Elle était encore plus ravissante que tout ce qu'il avait pu imaginer!

Le jeune vendeur d'huile de la vallée tibétaine tomba éperdument amoureux de la jeune femme étonnée, debout devant lui. Il la mangeait des yeux, incapable de bouger, de peur de rompre le charme qui le retenait prisonnier. Ses joues s'étaient enflammées d'un tel désir qu'il avait du mal à cacher son embarras.

– «E ma ho! De ma vie, je n'ai jamais vu une jeune femme aussi splendide et parfaite», marmonna-t-il, entre ses dents, en tentant de se ressaisir.

La fille de la vieille femme, qui lui avait offert l'hospitalité, le dévisageait avec curiosité et pensa: «Je ne connais pas cet homme… D'où vient-il? Que fait-il dans ma maison?»

Surprise et quelque peu effrayée, elle finit par lui demander un peu abruptement:

– Wa yé, jeune homme, que fais-tu dans la maison de ma mère, et d'où viens-tu?

– Kyé, kyé, chère et splendide jeune femme! Ne te mets pas en colère. Je suis venu de l'ouest, du Pays des Neiges, spécialement pour te rencontrer. J'ai entendu parler de toi, par delà les frontières et j'ai parcouru tout ce chemin pour faire ta connaissance, répondit-il en souriant et en accomplissant quelques courbettes.

«Ce garçon semble humble et respectueux. Il est venu de très loin, spécialement pour me voir. Je dois prendre cela en considération. Ce ne serait pas bien de ne pas m'en occuper, surtout après que ma mère lui a donné l'hospitalité. Elle doit avoir de bonnes raisons pour cela», pensa-t-elle.

Elle se calma, changea légèrement d'attitude, s'adoucit et lui demanda :

— Kyé, kyé, écoute, cher vendeur d'huile du Tibet, explique-moi pourquoi tu es venu d'aussi loin pour me voir. Moi, une pauvre jeune femme insignifiante, d'un petit village chinois perdu au fond d'une vallée !

Le jeune vendeur d'huile raconta clairement les raisons de sa venue à la jeune femme, puis ils pénétrèrent, tous deux, à l'intérieur de la maison où les attendait la vieille mère.

À chaque fois qu'il regardait la mère, le jeune vendeur d'huile de la vallée ne cessait d'éprouver un immense respect pour celle qui avait donné le jour à une jeune femme d'une aussi grande beauté.

Le jeune vendeur d'huile se mit à vivre avec les deux femmes. Il faisait consciencieusement tout le travail à l'intérieur et à l'extérieur de la maison, en remerciements de l'hospitalité qu'il avait reçue.

Pendant son temps libre, la jeune femme lui apprenait à danser et à chanter, à la mode chinoise, et lui, en retour, chantait à sa bien-aimée quelques chansons de son pays et esquissait quelques pas de danse.

Le jeune vendeur de la vallée aimait particulièrement la danse du Drékar et expliqua à la jeune fille que le Drékar était un personnage tibétain qui n'apparaissait qu'un seul jour dans l'année, celui du nouvel an. Ce personnage se postait très tôt le matin devant chaque maison et vantait les mérites des différents membres de la maisonnée. Voir et entendre le Drékar, pour les Tibétains, était de bon augure et apportait la chance pour toute l'année à venir. C'était une des raisons pour lesquelles le jeune homme aimait tant cette danse.

Depuis leur rencontre, le jeune vendeur d'huile de la vallée et la jeune femme ne se quittaient plus. Ils passaient tout leur temps libre ensemble et se vouaient un amour si grand que leur bonheur irradiait sur tout leur entourage.

La vieille mère, heureuse de voir l'attachement que se portaient les deux jeunes gens, se décida à les marier. Le vendeur d'huile de la vallée, qui avait beaucoup de mal à croire à tant de chance, n'avait jamais été aussi heureux de toute sa vie.

Partout où il se rendait, le jeune homme emportait avec lui une peinture représentant la jeune femme. Il ne pouvait s'en séparer et ne cessait de la regarder. Même quand il travaillait, il posait l'image devant lui et ne pouvait en détacher ses yeux, ne fût-ce qu'un seul instant.

Un jour, il se retrouva au beau milieu d'une tempête de sable qui se leva, aussi soudaine qu'inattendue, et le portrait de la jeune femme disparut, emporté par la tourmente.

Le jeune vendeur d'huile se mit à fouiller l'endroit. Il eut beau chercher, encore et encore, dans les moindres recoins, le portrait de sa bien-aimée, celui-ci demeura perdu, à son plus grand désespoir.

Comment pouvait-il espérer retrouver un portrait que la tempête avait emporté?

Le jeune vendeur d'huile était très triste et abattu, car il pensait que la disparition du portrait de sa belle épouse était un bien mauvais présage pour lui. Il fit un autel avec des offrandes, et pria les dieux de le guider et lui ramener sa bien-aimée.

Le portrait de la jeune femme parcourut, porté par les vents, une très longue distance, jusqu'à un autre pays.

Dans ce pays, il y avait une grande ville au milieu de laquelle se trouvait le palais d'un roi. L'image de la jeune femme tomba sur le sol, devant le trône du roi qui assista, très étonné, à la chute du portrait. Surpris, le roi se leva et s'empara de la peinture représentant la jeune femme.

– Hé ma ho, dans quel pays peut bien habiter cette superbe jeune femme? Moi, le roi de cette contrée, j'ai deux mille cinq cents épouses. À chaque fois, j'ai choisi une épouse sur les cent femmes que l'on m'avait présentées. Et, lorsqu'elles constituaient un groupe de mille femmes, toutes plus belles les unes que les autres, j'en choisissais une parmi les mille. Mais si je devais comparer mes épouses à la femme qui se trouve sur le portrait, je serais obligé de dire qu'elles ressemblent toutes à des truies.

Le roi n'eut plus qu'une seule pensée en tête et qu'un unique objectif: tenir dans ses bras la jeune femme du portrait et faire d'elle sa première épouse.

Il ordonna sur le champ à tous ses ministres de lui amener, dans un délai de trois jours, la jeune femme dont il était tombé amoureux:

– Si vous n'y parvenez pas, je vous trancherai le cou à l'aide d'une épée, les menaça-t-il.

Comme le roi avait perdu la tête après avoir vu le portrait de la jeune beauté, les ministres s'empressèrent de lui obéir. Ils prirent l'image de la jeune femme, en firent des copies et, suivant les ordres du roi, s'éparpillèrent dans les quatre directions à sa recherche.

À la fin de leur deuxième journée d'investigations, les ministres réussirent enfin à mettre la main sur la jeune femme qui refusa de les suivre et tenta de s'échapper. Les hommes du roi, de peur de se voir condamnés à mort, s'emparèrent d'elle sans ménagement, et la menèrent de force devant leur monarque.

Le jeune vendeur d'huile qui se dirigeait vers la maison de sa bien-aimée, apprit la nouvelle. Il se précipita à la poursuite des ministres qui avaient enlevé sa femme, et parvint à la ville où se trouvait le palais du roi.

Le jeune homme faisait les cent pas autour du bâtiment en pensant que toute cette histoire s'annonçait vraiment mal pour lui. Il regardait désespérément les fenêtres du palais en essayant de trouver un moyen de parvenir jusqu'à sa bien-aimée pour la délivrer.

Après avoir attendu plusieurs jours près de l'enceinte du palais sans avoir mangé, le jeune vendeur d'huile de la vallée tibétaine se rendit sur la place du marché pour y acheter un peu de nourriture.

Il errait, l'âme en peine, pendant qu'il mangeait distraitement son repas, quand il aperçut, sur un mur, une publication officielle annonçant la célébration du mariage du roi et de sa bien-aimée.

Le jeune homme, désespéré après la lecture de ce document, jeta sa nourriture sur le sol et se mit à pleurer. Pendant qu'il exprimait ainsi sa peine, il entendit des gens, qui se trouvaient près de lui, dire que toute personne sachant chanter et danser était invitée à assister à la cérémonie.

En entendant cela, le jeune vendeur se dit : « Je sais que tout est de ma faute. Mais, je veux revoir, coûte que coûte, ne serait-ce qu'une seule fois, le visage de ma bien-aimée, avant de mourir. Je vais donc pénétrer dans ce palais comme danseur et essayer de trouver un moyen de la délivrer, dussé-je y laisser ma vie. »

Comme sa belle épouse lui avait enseigné des chants et des danses chinoises, et qu'il connaissait parfaitement bien la plupart des chansons et des danses tibétaines, les gardes du palais le laissèrent entrer, sans difficulté, dans la salle de réception pour la célébration du mariage.

Au cours de cette immense réception faite en l'honneur du mariage du roi et de sa bien-aimée, le jeune homme se leva, au beau milieu des invités, tenta le tout pour le tout, et entonna un chant clair et mélodieux.

– *Ki, ki, so, so, les dieux sont victorieux! Aujourd'hui est un jour vraiment très bénéfique. La plus belle et la plus somptueuse des réceptions se tient en ces lieux. Je suis celui que l'on nomme le Drékar et ce que je désirais s'est accompli. La reine, qui a le visage et le corps d'une déesse, m'a aperçu. Ha, ha! Maintenant, je peux réellement dire que tout ce que je désirais a été exaucé.*

Quand le Drékar se mit à danser, la jeune femme n'eut plus un seul doute. Elle sut qu'il était son mari bien-aimé et des larmes jaillirent de ses yeux sans qu'elle pût les retenir.

«Quel bonheur de voir mon mari ici! Je n'ai plus qu'une seule envie: tout oublier, lui sauter au cou et me serrer contre lui! J'aimerais tant lui parler de ma détresse, et lui montrer la grande tristesse que je ressens réside au fond de mon cœur... J'ai besoin de lui dire à quel point notre séparation m'a anéantie!»

Elle était triste d'être éloignée de son mari, mais heureuse de voir qu'il avait réussi à parvenir jusqu'à elle. Puis, elle commença à trembler en pensant qu'elle pourrait à nouveau le perdre et se ressaisit en se disant qu'elle devait, à tout prix, se contrôler et ne rien laisser paraître. Elle se mit à réfléchir au moyen de sortir de cette situation.

Toutes ces réflexions amenèrent la jeune femme à changer d'attitude. Jusque-là, son visage était fermé et hostile, et affichait ostensiblement de la colère et du dégoût. Elle décida de se métamorphoser, se tourna vers le roi et lui fit son plus beau sourire. À partir de ce moment-là, elle se montra avenante, calme et sereine envers le roi et veilla à ce que son verre soit continuellement rempli de tchang[1].

Elle regarda ensuite son mari qui dansait devant eux et dit au roi :

– Kyé, kyé, roi très précieux, regardez ! Je trouve que ce danseur fait une magnifique représentation et propose un très beau spectacle. Qu'en pensez-vous ? Je n'ai encore jamais vu quelqu'un chanter et danser aussi bien !

Le roi n'appréciait absolument pas la démonstration du Drékar. Pour plaire à sa nouvelle reine, à qui cette danse plaisait plus que tout, il s'efforça de regarder tout le spectacle. La reine était d'une telle beauté qu'il ne pouvait rien lui refuser. Il fit semblant d'apprécier et dit à la jeune reine :

– Ne trouvez-vous pas que ce Drékar a la langue bien pendue ? Il ne cesse de chanter et de déclamer. J'en ai connu de plus silencieux ! J'ai vu de nombreux spectacles depuis que je suis roi, vous devez me croire, ma chère ! Vous êtes très jeune, et vous en verrez d'autres, bien plus beaux que celui-ci. Je pense que tout le monde peut danser et bouger comme ce Drékar. Vous ne vous en rendez pas compte, du fait de votre jeunesse, mais il est plutôt ordinaire ! Croyez-moi, tout le monde en est capable !

----

1. Le tchang est une boisson alcoolisée à base d'orge fermenté, semblable à de la bière.

La jeune femme rit de bon cœur et dit au roi :

– Kyé, kyé, roi très précieux, à mon avis, vous feriez mieux de laisser les hommes ordinaires de côté. Parmi les hommes à têtes noires, vous êtes celui qui portez la couronne, mais, malgré tout, je vous mets au défi de danser comme ce Drékar !

Le roi regarda sa nouvelle reine, eut un petit rire sec et lui répondit :

– Ma très chère et bien-aimée reine, ce Drékar me ressemble autant qu'un vagissement d'enfant ressemble au cri de l'homme mur. Certaines personnes n'ont besoin de regarder qu'une seule fois un spectacle et non cent, pour savoir le danser.

Après avoir dit ces mots, le roi but, cul sec, trois verres de tchang d'affilée[1], puis se leva en titubant et se dirigea vers le Drékar. Arrivé à sa hauteur, le roi l'empoigna par le bras et le conduisit vers la sortie.

Peu après, le roi et le Drékar, qui était, en fait, le vendeur d'huile de la vallée, pénétrèrent à nouveau dans la salle. Ils avaient échangé leurs vêtements. Le roi avait endossé le costume du Drékar qui, de son côté, avait revêtu les habits royaux.

Le véritable époux de la nouvelle reine se dirigea vers le trône et s'assit. Le roi, quant à lui, déguisé en Drékar, se campa au beau milieu des invités, et se mit à déclamer d'une voix rauque :

---

1. C'est une tradition, au Tibet, lors de grandes fêtes (Losar – nouvel an tibétain –, mariages, commémorations…) de boire, lors du premier «lever de coude», trois verres d'affilée. Celui qui ne se plie pas à cette coutume a droit à toutes sortes de gages (danser, chanter, raconter une histoire…).

– Les dieux sont victorieux! Je suis le Drékar! Toutes sortes de questions me sont posées! Y a-t-il une bonne manière d'apporter les bons augures? Y a-t-il une bonne façon de faire des compliments? Je vous le demande? Que serait un Drékar s'il ne pouvait apporter, à sa guise, les bons auspices et faire toutes sortes de compliments?

Alors qu'il dansait ainsi, la jeune mariée, assise sur le trône près du vendeur d'huile de la vallée, donna l'impression d'être aussi effrayée qu'une villageoise superstitieuse.

Au grand étonnement de tous, elle se mit à frapper du poing la petite table, qui se trouvait devant le trône, et s'écria très fort:

– Wa yé! Je m'adresse à vous, messieurs les ministres, qui avez les pleins pouvoirs! Écoutez-moi, je suis votre reine! Aujourd'hui, en cette très belle journée de célébration de mariage, un Drékar s'est mis à danser. Il me semble que, par les paroles qu'il vient de prononcer, ce Drékar est très mal intentionné. Je vois que son seul souhait est d'apporter le malheur sur notre beau pays! Je vous le demande, jetez-le hors du palais et tuez-le sans la moindre hésitation ni perdre un seul instant.

En entendant les paroles prononcées d'une voix si ferme et décidée, par leur nouvelle reine, les ministres s'écrièrent, les uns après les autres, qu'un tel outrage était, le jour du mariage du roi, un crime plus grand que le ciel et ne pouvait rester impuni.

Les ministres se précipitèrent pour obéir à la nouvelle épouse du roi. Ils emportèrent, sans le moindre ménagement, hors du palais, comme elle le leur avait demandé, le véritable roi qui se trouvait toujours sous le déguisement du Drékar.

Les ministres, ivres depuis fort longtemps, ne purent reconnaître leur roi et le tuèrent, sur le champ, sans autre forme de procès.

Le vendeur d'huile de la vallée et la jeune femme furent à nouveau réunis en un seul cœur, toujours aussi amoureux l'un de l'autre. Ils eurent une véritable et magnifique cérémonie de mariage, avec des danses, des chants de joie, de la musique, des boissons et de délicieuses friandises.

Et, c'est depuis ce jour, qu'entre Chinois et Tibétains commença une amitié, bonne et profonde.

« Pour une amourette de trois jours,
c'est la beauté qui compte.
Pour un amour qui durera toute une vie,
seule la bonté importe. »

La fiancée

AUTREFOIS, il y a très longtemps, vivait le ministre Garr, le plus futé et le plus intelligent des ministres du Tibet. Beaucoup d'histoires et d'anecdotes, comme celle que vous allez découvrir, circulent à son sujet.

Par une belle matinée de printemps, le ministre se trouvait avec son fils. Il l'observait : « Mon fils a un cœur pur. Il est bon et compatissant, mais pas très intelligent. Il faut absolument que je lui trouve une épouse brillante et futée qui compensera son manque de malice. »

Le ministre se mit alors à la recherche d'une telle épouse. Il écuma toutes les contrées à la ronde, mais ne trouva, nulle part, une jeune femme qui présentât une telle finesse.

Le ministre Garr se dit alors qu'il ne lui restait plus qu'une seule solution : mettre son fils au défi.

Un matin, il appela son fils, lui donna une centaine de béliers et lui dit, en le regardant sévèrement :

– J'aimerais que tu relèves ce défi : je te confie ces béliers et tu vas partir avec eux, quelques jours, sans argent. Ces béliers, tu ne peux ni les tuer, ni les vendre, ni les louer. Je te demande d'en prendre soin pendant une semaine et de me les ramener ensuite, sains et saufs. À ton retour chaque animal devra porter sur son dos un sac d'orge. Si tu n'arrives pas à accomplir ce que je te demande, il te faudra quitter ce château dans lequel tu ne pourras plus jamais remettre les pieds.

Le jeune homme accepta le défi de bonne grâce et se rendit joyeusement sur la place du marché. Il s'était dit, naïvement, qu'il pourrait facilement s'y procurer de l'orge. Mais c'était sans compter sur son père! Le ministre avait demandé à tous les marchands qui se trouvaient sur la place du marché de ne pas faire crédit à son fils. Et comme celui-ci n'avait aucune espèce sonnante et trébuchante, pas un seul des marchands ne consentit à lui donner ce qu'il demandait.

À la fin de la matinée, le fils du ministre avait fait le tour de tous les marchands, mais aucun d'eux n'avait été disposé à lui céder ne serait-ce qu'un seul sac d'orge.

Découragé, les bras ballants, ne sachant que faire, il se tenait devant l'une des entrées de la place du marché et réfléchissait. Une jeune femme, qui passait par là, l'interpella :

– Wa yé, jeune homme! Tu as l'air bien triste. J'aimerais connaître la nature de ton problème. Voudrais-tu m'en parler?

Le jeune garçon hésita un instant, puis raconta toute son histoire à la jeune femme qui l'écouta attentivement. Après avoir réfléchi un court moment celle-ci lui répondit :

– Ne t'inquiète pas! Je connais un moyen pour te sortir de cette situation! J'ai la solution qu'il te faut. La seule chose que je te demanderais, c'est de tenir ta langue et ne pas parler de moi. Suis-moi maintenant. Nous allons nous rendre dans un endroit tranquille, et tondre tous tes béliers. Quand cela sera fait, nous retournerons sur la place du marché et vendrons la laine que nous aurons obtenue.

Ils firent comme elle avait dit et avec l'argent qu'ils avaient gagné, ils achetèrent de l'orge et le chargèrent sur le dos des moutons.

Quand la semaine fut passée, le fils du ministre Garr retourna rejoindre son père au château. Quand il se présenta devant lui, le père, intrigué et surpris de voir le résultat, l'interrogea. Le jeune homme raconta toute son histoire sans mentionner une seule fois la jeune femme.

Le jour suivant, le ministre appela à nouveau son fils et s'adressa à lui:

– Tu as tondu tous les béliers. Je ne m'attendais pas à cela. Ce n'est pas tout à fait ce que j'aurais voulu, car j'aurais aimé qu'ils reviennent avec toute leur laine sur le dos. C'est pour cela qu'aujourd'hui tu repartiras à nouveau avec tous les animaux que tu as tondus. Dans une semaine, il faudra que tu reviennes avec tous les béliers sains et saufs. À ton retour, chaque animal devra à nouveau porter de nombreux sacs d'orge sur son dos. Si tu n'arrives pas à accomplir ce que je te demande, il te faudra quitter ce château dans lequel tu ne pourras plus jamais remettre les pieds.

Le jeune homme était très préoccupé par ce que lui avait demandé son père. Il se rendit, comme la fois précédente, à l'entrée de la place du marché et attendit. Peu de temps après, la jeune femme passa à nouveau devant lui et l'interpella:

– Wa yé, jeune homme! Tu as encore l'air bien triste, aujourd'hui. J'aimerais connaître la nature de ton problème. Voudrais-tu me raconter, à nouveau, ce qui te chagrine?

Il s'approcha d'elle et lui raconta toute son histoire. Découragé, il ajouta:

– Maintenant que nous avons tondu tous les béliers, je n'ai plus de laine à vendre. Je ne vois vraiment pas comment je pourrais acheter de l'orge.

La jeune femme réfléchit un instant et répondit, en le rassurant:

– Si tu es intelligent, il n'y a rien que tu ne puisses faire. Il y a forcément une solution à ton problème. Suis-moi, nous allons nous en occuper.

Lorsqu'ils furent loin de la ville, la jeune femme rassembla tous les béliers et leur coupa les cornes. Elle se mit à les sculpter et les transforma en manches de couteau et en petites broches.

Elle rassembla ensuite tous les objets qu'elle avait fabriqués à partir des cornes des béliers, et se rendit, avec le fils du ministre, sur la place du marché pour les vendre.

Avec l'argent qu'ils avaient gagné de la vente de leurs produits, ils achetèrent de l'orge et le chargèrent sur le dos des béliers. Puis, quand la semaine fut écoulée, la jeune femme renvoya le jeune homme chez lui.

Le père, à nouveau, très étonné et heureux de voir son fils revenir avec les béliers chargés de sacs d'orge, lui dit, après avoir tout vérifié:

– Je suis vraiment très heureux de constater que tu as réussi à relever le défi et de te voir revenir avec tous les béliers chargés d'orge, mais pourrais-tu me dire qui t'a appris cela?

Cette fois-ci, la jeune femme ne lui avait pas demandé de se taire, alors le jeune homme raconta toute la vérité à son père qui le regarda longuement avant de lui dire:

– Retourne sur la place du marché et demande à la jeune femme qui a trouvé la solution pour te tirer d'embarras, de me tresser, avec de la poussière, une corde à neuf nœuds. Quand je vois comment elle a réussi à t'aider, je suis sûr qu'elle parviendra à me satisfaire, car elle est très intelligente. Et, dis-lui lui de m'apporter, au château, la corde lorsqu'elle aura terminé de la tresser.

Le jeune homme s'en fut rapidement vers la place du marché pour y rencontrer la jeune femme. Lorsqu'il la vit, il lui rapporta les paroles de son père. Elle fit un grand sourire au jeune homme et répondit :

– Demande à ton père, si jamais je parvenais à relever son défi, si, de son côté, il serait capable de se ceinturer la taille de cette corde à neuf nœuds, faite avec de la poussière ? Je souhaiterais, tout simplement, qu'il s'en serve comme ceinture et qu'il la garde sur lui toute une journée.

Le jeune homme courut vers le château, et rapporta les paroles de la jeune femme à son père. Celui-ci s'engagea à se ceinturer la taille de la fameuse corde à neuf nœuds que la jeune femme réussirait à tresser et à la garder sur lui toute une journée.

Le lendemain, la jeune femme se rendit au château du ministre après avoir tressé une corde à neuf nœuds avec de l'herbe sèche. Elle se présenta devant lui, le salua respectueusement, puis enroula la corde sur elle-même, la posa sur une pierre plate et y mit le feu. La corde flamba d'un seul coup et se transforma en une corde de cendre.

La jeune femme regarda ensuite le ministre et lui dit avec un grand sourire :

– Cher ministre Garr, prenez donc cette corde et enroulez-la autour de votre taille, comme vous me l'avez promis. N'oubliez pas que vous vous êtes engagé à la garder sur vous toute une journée!

Le ministre Garr était bien embarrassé car il ne pouvait s'exécuter. Il réfléchit un instant, puis éclata d'un rire tonitruant et s'approcha de la jeune femme.

Il la salua à son tour avec un grand respect, et lui fit bon nombre de compliments avant de lui demander de bien vouloir épouser son fils et de lui dire qu'il était sûr d'aimer, de tout son cœur, une belle-fille aussi bonne et intelligente qu'elle.

La jeune femme accepta la proposition du ministre Garr qui fut vraiment très heureux, et qui le montra en organisant une fastueuse et magnifique cérémonie pour célébrer le mariage de son fils et de sa merveilleuse épouse!

« Riche, on est la nièce de son oncle.
Pauvre, on est sa servante. »

Les deux singes

AUTREFOIS, dans un petit village près d'une grande forêt, il y avait une famille qui était dans l'incapacité de rembourser les dettes qu'elle avait contractées auprès de l'oncle maternel de la maisonnée.

La famille travaillait très dur pour gagner de l'argent. Elle avait tout essayé, mais rien n'y faisait, elle n'arrivait toujours pas à payer ce qu'elle devait.

L'oncle maternel, après avoir réclamé à plusieurs reprises l'argent qu'elle lui avait emprunté, demanda à sa sœur, en échange du remboursement de ses créances, sa fille bien-aimée.

Lorsqu'elle fut dans la maison de son oncle maternel et de sa tante, la jeune fille fut davantage considérée comme une pauvre domestique que comme une parente. Tous les jours de la semaine, elle se levait alors qu'il faisait encore nuit. Elle exécutait, en premier, les travaux les plus pénibles à l'extérieur de la maison, puis continuait jusqu'à tard dans la nuit les autres travaux ménagers.

Malgré tous les efforts que faisait la jeune fille, l'oncle maternel n'était jamais satisfait. Il ne cessait de dire à qui voulait l'entendre qu'elle travaillait très mal et était une véritable souillon. Bref, il n'arrêtait pas de se plaindre et se vengeait sur elle en la privant de nourriture et en la battant constamment.

À force d'être ainsi maltraitée par son oncle maternel et son épouse, cette très jolie jeune fille finit par dépérir et devint, de jour en jour, de plus en plus maigre et malade.

Un beau jour, très tôt le matin, alors qu'il faisait encore nuit et que toute la maisonnée dormait, la jeune fille se rendit à la rivière pour y chercher de l'eau.

Après avoir parcouru un chemin long et pénible, la jeune fille s'assit, exténuée, sur une grosse pierre au bord de la rivière, pour se reposer un peu et reprendre son souffle.

Alors qu'elle regardait le soleil se lever, elle fut prise de nostalgie et se mit à pleurer toutes les larmes de son corps en pensant aux innombrables souffrances qui lui étaient infligées par son oncle et sa femme. Plus elle pensait à ce qu'elle endurait, moins elle arrivait à se calmer. Ses larmes étaient comme des rivières qui coulaient de ses yeux.

Au même moment, un vieil homme qui passait par là, l'entendit, s'approcha d'elle et lui demanda d'une voix douce et agréable :

– Tu es vraiment une très belle jeune fille. Pour quelles raisons es-tu si triste et pourquoi pleures-tu toutes les larmes de ton corps ?

La jeune fille releva la tête, aperçut le vieillard et lui répondit entre deux sanglots :

– Je suis venue apporter de l'aide dans la maison de mon oncle maternel, afin de rembourser les dettes de mes parents. C'est un véritable enfer. Mon oncle et sa femme ne cessent de m'infliger d'énormes tourments et de grandes souffrances. C'est pour cela que je suis triste et que je pleure autant.

Le vieil homme regarda la jeune fille en souriant gentiment et lui dit :

– Il ne faut pas être triste. Tu es bien trop jeune et trop jolie pour ça. Attends un instant, nous allons remédier à la situation.

Le vieil homme se pencha sur la rivière, prit un peu d'eau dans la paume de sa main et en aspergea le corps de la jeune fille. Celle-ci commença aussitôt à se sentir mieux.

L'eau dont le vieillard avait aspergée la jeune fille, qui avait toujours été fort jolie, lui redonna de belles couleurs. En un instant, elle redevint fraîche comme la rosée du matin et belle comme la pleine lune.

La jeune fille, qui ne s'était pas sentie aussi bien depuis fort longtemps, remercia vivement le vieil homme, prit son seau d'eau sur son épaule, et retourna dans la maison de son oncle.

L'oncle maternel et sa femme furent très intrigués quand ils constatèrent le changement survenu chez leur nièce. Ils s'interrogèrent sur les raisons d'une aussi belle apparence mais ne purent y trouver de réponse satisfaisante.

En fin de journée, ne pouvant plus contenir leur curiosité, le couple appela la jeune fille et lui demanda :

– Ce matin, tu es juste partie un moment pour aller chercher de l'eau à la rivière. Comment se fait-il que tu sois revenue aussi fraîche et jolie ?

La jeune fille les regarda droit dans les yeux et leur répondit poliment :

– Très tôt ce matin, quand je suis allée chercher de l'eau, j'ai rencontré un vieil homme au bord de la rivière. Je m'étais assise car j'étais essoufflée, et comme je me sentais très triste je m'étais mise à pleurer. En me voyant pleurer ainsi, le vieillard s'est approché de moi et m'a demandé les raisons de ma tristesse. Alors je lui ai tout raconté, en détail. Ensuite, il m'a demandé d'attendre un petit moment ; il a pris de l'eau dans la rivière et m'a aspergée avec. Et je me suis tout de suite sentie bien mieux.

Le lendemain matin, les deux époux se levèrent très tôt pour se rendre au bord de la rivière. Ils se vêtirent de vêtements usagés et quand ils arrivèrent près de l'eau, ils se mirent à se lamenter, firent semblant d'être tristes et pleurèrent à chaudes larmes.

Peu après, le vieil homme passa à nouveau par là. Intrigué par le comportement de l'oncle et de la tante de la jeune fille, il s'arrêta, les regarda puis s'approcha d'eux sans leur adresser la moindre parole.

Il fit comme il avait fait précédemment avec la jeune fille. Il se pencha sur l'eau, en prit un peu dans la paume de sa main et en aspergea l'oncle maternel et sa femme qui le regardèrent faire avec un grand sourire béat. Mais la joie de l'oncle et de la tante fut de courte durée, car dès qu'ils furent aspergés d'eau, tous deux se transformèrent en deux singes fort laids.

L'oncle et la tante furent très effrayés quand ils constatèrent leur métamorphose. Leur réaction fut terrible. Ils se dévisagèrent l'un l'autre, jetèrent des cris effrayants et se roulèrent sauvagement sur le sol. Ils se jetèrent violemment dans les arbres et firent des sauts dans tous les sens. Ils essayèrent même d'ôter leur peau de singe, et s'arrachèrent des plaques entières de peau et de poils.

Comme ils ne réussirent pas à changer leur apparence, l'oncle maternel et sa femme, transformés en singes, retournèrent chez eux la queue basse. Quand la jeune fille les vit arriver, elle fut muette de stupéfaction, toutefois comme elle avait bon cœur, elle s'occupa d'eux et les soigna. Ils vécurent ainsi, tous les trois, pendant un bon moment.

Le temps passait, mais l'oncle maternel et sa femme gardaient leur apparence de singes. Tous deux se comportaient de plus en plus comme des animaux sauvages. Ils n'avaient toujours pas compris que leur place n'était plus dans la maison et qu'ils ne pouvaient plus vivre en compagnie de la jeune fille car ils n'étaient plus des êtres humains.

La jeune fille, lassée de la situation, réfléchit sérieusement à un moyen de se débarrasser d'eux. Elle se rendit donc au bord de la rivière pour rencontrer le vieil homme. Quand il apparut, elle lui raconta, en détail, ce qu'elle vivait et lui demanda ce qu'elle devait faire. Le vieil homme conseilla à la jeune fille d'emmener les deux singes dans la forêt et lui révéla la meilleure façon de se débarrasser définitivement de son oncle et de sa tante.

Le jour suivant, la jeune fille fit comme le lui avait conseillé le vieil homme. Elle emmena les deux singes très loin dans la forêt, prépara un feu et y mit deux grosses pierres à chauffer. Lorsque le dîner fut prêt, elle sortit les pierres du feu, appela les deux singes et leur demanda de s'asseoir sur les pierres brûlantes.

Les deux singes, qui firent comme elle leur avait dit, se brûlèrent grièvement les fesses, et s'enfuirent précipitamment dans la forêt en hurlant :

– Kre, kre ! Kre, kre ! Kre, kre !

L'oncle maternel et sa femme, transformés en singes, disparurent à jamais de la vie de la jeune fille. Et savez-vous ce que l'on dit ? Que c'est depuis ce jour, que les singes se sont mis à avoir les fesses rouges.

« Les mains du singe
ne laissent pas passer l'eau. »

L'avare

IL ÉTAIT une fois, dans un district un peu reculé, un gouverneur très riche et très puissant. Très généreux avec lui-même, mais très avare et désagréable avec les autres, l'homme exploitait sans vergogne son peuple jusqu'à la moelle et ne lui donnait presque rien en échange.

Seul un serviteur, fort intelligent, restait calme et serein en attendant son heure. Celui-ci était fermement décidé à trouver le moyen pour que le gouverneur desserre les cordons de sa bourse[1].

Un jour, le serviteur rassembla tous les pères de famille du district et leur dit :

— Je vais faire en sorte que, d'ici peu, le gouverneur organise, pour tous les habitants de la contrée, une grande fête qui durera plusieurs jours. Attendez l'invitation, celle-ci ne tardera pas !

Tous les chefs de famille, qui entendirent les propos du serviteur, se mirent à rire et répondirent :

---

1. Les Tibétains diraient «que l'eau passe entre les doigts du gouverneur».

45

— Jamais une goutte de sang ne tombera de la gueule d'un loup[1]. Et si jamais ce gouverneur si avare se mettait à nous offrir une fête, alors, ce jour-là, le soleil se lèvera à l'ouest[2] !

— Vous avez tout à fait le droit de ne pas y croire, mais vous verrez bien, dans quelques jours, quand cela arrivera ! répondit le serviteur.

Dans ce district il y avait un endroit où se trouvait un point d'eau alimenté par une eau de source très claire, fraîche en été, et chaude en hiver.

Quelques jours plus tard, alors que le gouverneur faisait sa promenade digestive, le serviteur, qui le guettait et connaissait ses habitudes, grimpa sur un saule près de la source et l'attendit.

Le serviteur se plaça de façon à ce que l'avare l'aperçoive de loin, se pencha face à la source et se mit à gesticuler. Il donnait la nette impression, à quiconque l'apercevait, de parler à quelqu'un.

Le gouverneur, très surpris d'apercevoir ce serviteur au comportement si étrange, se mit à l'observer tout en marchant. Lorsqu'il arriva près de la source, il l'interpella et lui demanda de lui expliquer les raisons de son attitude.

Le serviteur lui répondit très poliment :

— Kye, Kye, grand gouverneur ! Puisque vous passez devant cette source, ayez l'obligeance de m'écouter ! Oh vous, généreux gouverneur de notre district, vous avez fait des offrandes en l'honneur de toutes sortes de divinités, et vous avez donné, sans restriction, aux mendiants et autres gens d'ici-bas. Tous vos dons sont bons, et nous pouvons

---

1. Proverbe tibétain très utilisé pour qualifier une personne avare.
2. Équivalent de «Alors, les poules auront des dents!».

46

le constater tous les jours, mais la Loumo[1] qui se trouve dans la source n'est pas satisfaite, et raconte énormément de choses négatives à votre sujet, cher gouverneur !

– Que peut-elle bien raconter de mal à mon sujet ? demanda le gouverneur fort surpris.

Le serviteur parut embarrassé puis lui raconta la conversation qu'il avait eue avec la Loumo :

– Cette Loumo vient de me dire : « Votre gouverneur vous impose d'énormes taxes, et vous oblige à travailler comme des ladres, alors qu'il possède des trésors et des biens qui n'entreraient dans aucune des réserves que vous connaissez. Il possède de grandes richesses, et ne vous offre jamais la plus petite bouchée de nourriture. C'est pour cela que ce gouverneur avare ressemble à un yidag[2] mourant de soif près d'un océan sans même pouvoir boire une seule gorgée. Écoutez bien mes paroles serviteur, car c'est de faim et de soif, comme un yidag, qu'il mourra ! » Ce sont ces mots que vient de prononcer la Loumo, cher gouverneur !

Après un petit moment de silence, le serviteur reprit :

– Je pense qu'elle parle comme cela pour que nous l'entendions tous, et nous mettions en colère contre vous. C'est pour cette raison que j'ai répondu à cette Loumo : « Tous les jours, notre gouverneur fait attention au bien-être de son peuple. Il est un bienfaiteur chez lui et hors de

---

1. Une Loumo est une divinité féminine, appelée aussi Naga, habitant sous les eaux des lacs, des rivières et des mers. Elle prend l'apparence d'un serpent.

2. Le yidag est un personnage invisible pour les êtres humains. Il habite l'un des trois mondes inférieurs, possède un énorme ventre et de tous petits membres. Condamné à ne jamais pouvoir satisfaire sa faim, en raison de sa bouche minuscule, il mange sans cesse.

ses terres! Comment pourrait-il ne pas en être ainsi? Si nous lui demandions d'organiser une fête de plusieurs jours en l'honneur de son peuple, je suis sûr qu'il le ferait et nous donnerait bien plus qu'un petit bol de nourriture!» C'est ce que j'ai répondu à cette Loumo.

– C'est bien, tu as donné la bonne réponse, dit le gouverneur en hochant la tête, dubitatif.

Le serviteur reprit à nouveau:

– La Loumo a dit encore autre chose: «Si votre gouverneur organise une fête de plusieurs jours, j'en organiserai une aussi!» Je lui ai alors demandé: «Et si vous ne réussissez pas à organiser une fête, que ferez-vous?» Elle m'a répondu: «Si je n'arrivais pas à organiser cette fête, je donnerais tout mon or à votre gouverneur.» Et après avoir dit cela, comme pour me donner des preuves, la Loumo m'a montré son or qui avait l'importance d'un rago[1].

Le gouverneur fut très heureux d'entendre parler du rago d'or de la Loumo. Il fut sur un petit nuage en pensant que ce trésor pourrait un jour lui appartenir, et demanda conseil au serviteur qui lui répondit:

– À mon avis gouverneur, vous pouvez sans risque organiser une belle et grande fête, de plusieurs jours, pour tous vos sujets. La Loumo ne possède que de l'eau. Comment arriverait-elle à organiser ne serait-ce qu'une petite fête? C'est pour cette raison que je pense que son rago d'or vous appartient d'ores et déjà, et que vous le tiendrez bientôt entre vos mains!

―――――――

1. «De l'importance d'un rago» signifie de la taille de la tête d'une chèvre. C'était une unité de mesure très utilisée au Tibet, de même que le luggo (unité se référant à la taille d'une tête de mouton). Rago est composé de *ra*, chèvre et de *go*, tête et luggo est composé de *lug*, mouton et également de *go*, tête.

Le gouverneur fut absolument ravi d'entendre les paroles du serviteur, mais, lorsqu'il se mit à compter tout ce que pouvait coûter une fête, il eut des vertiges tant il était avare. La perspective de dépenser autant le rendait malade; il ne pouvait s'y résoudre, car l'argent représentait pour lui bien plus que sa propre chair. D'un autre côté, il désirait, ardemment, obtenir ce rago d'or, et en avait la langue sèche rien que d'y penser.

Il ne cessait d'évaluer, encore et encore, les pertes et les profits qui résulteraient de cette affaire. Finalement, l'envie et le désir l'emportèrent sur son avarice, et il se décida à organiser cette fête qui devait s'étendre sur plusieurs longues journées.

Quand le jour de la fête arriva, le serviteur s'habilla très élégamment. Il fut très attentionné envers tous et offrit continuellement du thé et du tchang aux invités à qui il ne cessait de demander :

– Se peut-il, oui ou non, qu'une goutte de sang coule de la bouche d'un loup? Le soleil, aujourd'hui, s'est-il levé à l'ouest ou à l'est?

Les invités répondirent invariablement au serviteur :

– Oh, comme tu es rusé! Cependant, comment cela finira-t-il? Aucun de nous ne le sait.

Le gouverneur était très impatient et n'arrivait pas à attendre. Avant même que la fête soit terminée, il ordonna au serviteur de se rendre auprès de la Loumo pour lui demander de respecter sa parole, et de donner, en retour, une fête aussi belle que la sienne.

Comme auparavant, le serviteur grimpa sur le saule qui se trouvait près de la source d'eau, et fit semblant de parler à la Loumo. Après avoir discuté un petit moment, il secoua la tête et s'en alla, l'air désolé. Il rejoignit le gouverneur, non loin de là, et lui dit :

– A tsi! Cette enquiquineuse de Loumo! Il tira la langue, d'un air dégoûté, se gratta le nez, s'éloigna de quelques pas en prétendant ne pas oser parler.

Perdant patience, le gouverneur s'approcha et l'apostropha vivement :

– Mais qu'a-t-elle dit, à la fin? Dépêche-toi, raconte-moi, vite!

Le serviteur chuchota, comme pour s'excuser :

– La Loumo m'a d'abord répondu : « D'accord, je vais moi aussi donner une très belle fête!» Alors je lui ai demandé : « Quand organiserez-vous votre fête? » Elle m'a répondu en riant : « C'est déjà fait! À la fête du gouverneur! Tu ne t'en es pas aperçu? J'ai donné toutes sortes de boisson, car il n'y avait que de l'eau à perte de vue. Hier et avant-hier, à sa réception, il n'y avait strictement rien à boire! Tu ne te souviens pas? Les gosiers étaient tous secs! C'est moi qui ai arrosé tout le monde! N'était-ce pas une fête bien organisée? Si le gouverneur organise, sans faire attention aux dépenses, une fête comme la mienne, digne de ce nom, alors je lui en rendrai une, en retour. Maintenant dépêche-toi de lui dire tout cela. »

Alors que le serviteur rapportait toutes ces paroles au gouverneur qui se tenait devant lui, bouche bée, les yeux écarquillés, celui-ci devint livide et mourut sur le champ, victime d'une bien trop violente émotion.

« Tout ce qui porte du rouge n'est pas monastique.
Tous les oiseaux jaunes ne sont pas des canards. »

Fleur de Nacre

IL Y AVAIT une fois, dans une vallée profonde, à l'est du Tibet, une famille composée d'un père, d'une mère et de leurs trois filles. Les habitants de la vallée avaient pour habitude d'appeler les trois jeunes filles : Fleur d'Or, Fleur d'Argent et Fleur de Nacre. Elles étaient toutes trois très belles et tous les jeunes hommes libres de la vallée, sans exception, souhaitaient en secret la main de l'une ou de l'autre de ces trois jeunes femmes.

Alors que Fleur d'Or et Fleur d'Argent étaient ambitieuses et capricieuses et avaient pour objectif d'épouser un homme riche et bien né, Fleur de Nacre ne souhaitait qu'une seule chose : que son futur mari soit un homme courageux, honnête et bon.

Un beau matin, l'aînée, appelée Fleur d'Or, prit son petit seau d'or pour aller puiser de l'eau au puits. Son seau brillait du même éclat que le soleil, sous les rayons naissants de l'astre du jour. Lorsqu'elle ouvrit la porte, elle faillit buter sur un homme en haillons, allongé sur le seuil. Elle recula vivement, l'air dégoûté, car devant elle se trouvait un mendiant caché sous un monceau de loques. Elle eut beau regarder, elle ne réussit pas à voir son visage. Très en colère de ne pouvoir passer, elle s'écria :

– Qu'est-ce que tu fais là, espèce de sale clochard? Pousse-toi de mon chemin, je suis pressée! Et plus rapidement que ça!

– Aide-moi un peu, au lieu de t'énerver, jolie demoiselle, répondit le mendiant d'un ton pleurnichard. Avec mes vieux os, et le froid qu'il a fait cette nuit, je suis encore tout engourdi. J'aurai du mal à me relever, tu sais! Pourrais-tu m'aider?

– Débrouille-toi tout seul, personne ne t'a permis de te mettre sur notre perron! dit la jeune pimbêche en regardant de haut le vieil homme, et en plissant ostentatoirement son nez, l'air écœuré. Toute la maisonnée attend que je rapporte cette eau. Ils en ont besoin pour le tchang de mon père et le thé de ma mère. Je n'ai pas de temps à perdre. Alors, soit je t'enjambe, soit je te marche dessus, mais en aucun cas je ne te toucherai. Pour ta gouverne, sache que je ne ferai jamais ce qui pourrait me déplaire! Et t'aider à te relever ne peut que me déplaire!

Fleur d'Or fit un pas en avant, enjamba prestement le mendiant en le bousculant et lui écrasa la main au passage. Le vieil homme releva la tête et regarda la jeune fille d'un air sévère. Il fulminait, et ses yeux, d'une couleur indéfinissable, jetèrent des éclairs de colère au milieu de ses haillons. Quand la jeune fille fut de retour, son petit seau rempli d'une eau fraîche et pure, le mendiant avait disparu.

Le jour suivant, ce fut au tour de la deuxième des filles de la famille, nommée Fleur d'Argent, d'aller chercher de l'eau au puits, avec son petit seau d'argent, qui brillait d'un éclat dur et métallique. Quand la cadette ouvrit la porte elle aperçut, tout comme son aînée, le même mendiant affalé sur le seuil de la porte d'entrée de la maison. La jeune fille hésita, puis recula, la mine boudeuse, et interpella durement le vieil homme :

– Qu'est-ce que tu fais devant notre porte ? C'était bien toi qui étais déjà là hier matin ? J'ai l'impression, quand je te regarde, qu'il n'y a qu'une montagne de haillons dégoûtants qui gît sur le perron ! Écarte-toi rapidement de mon chemin ! Je n'ai vraiment pas de temps à perdre avec un sale mendiant comme toi !

– Je veux bien partir de là, mais je suis vieux et je ne peux pas aller aussi vite que toi, belle enfant, répondit le mendiant d'un air misérable. Tout mon corps me fait mal, et mes os sont rouillés. Il a fait très, très froid cette nuit. Je suis vraiment tout engourdi. S'il te plaît, sois gentille et aide-moi à me relever.

– Mais tu es complètement malade ! s'écria la jeune fille avec une aversion non feinte. Je ne peux absolument pas t'aider. Je refuse de toucher un être aussi répugnant que toi ! Tu t'es déjà regardé ! Pousse-toi de mon chemin, autrement je te marche dessus.

Fleur d'Argent fit un pas en avant et, sans le moindre égard pour le mendiant, le bouscula et l'enjamba. Elle ne s'aperçut même pas que, dans la bousculade, elle lui avait violemment heurté la tête avec son petit seau d'argent.

À nouveau, le mendiant retint sa colère et, au milieu du tas de haillons, ses yeux d'une couleur indéfinissable fixèrent durement la jeune femme qui s'éloignait d'un pas vif et léger, comme si de rien n'était. Quand la cadette revint chez elle avec son petit seau d'argent rempli d'une eau pure et fraîche, le mendiant avait disparu.

Le lendemain matin, ce fut au tour de la benjamine, celle que l'on nommait Fleur de Nacre, d'aller chercher de l'eau au puits. La jeune fille sortit de la maison avec, à la main, un petit seau de nacre qui brillait de mille douces couleurs chatoyantes sous le soleil matinal. En ouvrant la porte, elle aperçut le mendiant emmitouflé dans de vieilles hardes, tout recroquevillé et pelotonné dans l'encoignure de la porte d'entrée. La jeune fille, après avoir regardé le vieil homme avec un regard plein de compassion, lui sourit gentiment et lui dit d'une voix douce :

– Bonjour, monsieur. Je dois aller chercher de l'eau au puits, pour mes parents. Auriez-vous la gentillesse de me laisser passer ?

– Bien sûr, belle demoiselle. Je suis vraiment désolé de vous déranger !

– Vous ne me dérangez pas. Quand je serai revenue avec de l'eau, je vous apporterai une bonne tasse de thé chaud et sucré. Cela vous réchauffera.

– Tu es bien bonne de te préoccuper d'un vieil homme comme moi ! Je vais me lever, mais ça m'est un peu difficile aujourd'hui. Il a fait très froid cette nuit et je suis tout engourdi. Pourrais-tu m'aider ? Je crois que je n'y arriverai pas tout seul.

– Ne vous inquiétez pas, je vais vous aider. Prenez ma main, dit gentiment Fleur de Nacre en posant son seau.

La jeune fille se baissa et tendit sa main au mendiant qui tentait maladroitement de se relever. Le vieil homme, dont les yeux semblaient sourire, sortit du monceau de haillons dans lequel il s'était emmitouflé une main étrangement jeune, fine et blanche.

L'homme était lourd et avait beaucoup de mal à se relever, malgré l'aide que lui apportait Fleur de Nacre. À plusieurs reprises, il faillit faire tomber la jeune fille, mais celle-ci ne voulut surtout pas montrer combien il lui était difficile de l'aider à se relever. Elle garda, tant bien que mal, son équilibre, et lui dit d'un ton qui se voulait rassurant :

— Grand-père, vous êtes resté un peu trop longtemps dans le froid à dormir sur un sol dur. Cette vie dehors vous a engourdi tous les membres et a certainement causé des rhumatismes. Avec le printemps qui arrive, vous allez pouvoir réchauffer, au soleil, votre vieux corps endolori. Vous vous sentirez bientôt mieux. Vous savez, le matin, dès que vous vous réveillez, vous devez commencer à bouger pour chasser, de votre corps, le froid de la nuit !

— C'est vrai que le soleil fait le plus grand bien à un vieux corps endolori et j'ai bien envie de croire tout ce que tu viens de me dire, répondit le mendiant en hochant la tête. Tu m'as l'air vraiment gentille. Tu as déjà un fiancé ?

— Non, pas encore. Je ne suis pas pressée de me marier, dit la jeune fille en rougissant légèrement.

— Alors, comme tu n'as pas encore d'amoureux, je te souhaite, de tout cœur, de rencontrer le plus riche fiancé de la région.

— Riche ou pas, ça m'est égal, dit Fleur de Nacre en souriant. L'important c'est qu'il soit travailleur et courageux et qu'il ait le cœur bon et compatissant !

— Moi, je te prédis que tu en rencontreras un qui aura toutes ces qualités, bredouilla le mendiant qui s'était mis debout et avait emboîté le pas à la jeune fille.

Fleur de Nacre marchait doucement car le vieil homme avait du mal à la suivre. En effet, bien que cela lui fût difficile, il avait tenu à l'accompagner jusqu'au puits et trottinait en boitillant à ses côtés.

Penchée sur la margelle du puits, la jeune fille puisa l'eau avec un récipient, puis la versa dans son seau. Quand celui-ci fut plein, elle voulut le mettre sur son épaule.

– Attends un instant, je vais t'aider à soulever ton seau, dit le mendiant en se précipitant pour aider la jeune femme.

Mais le vieil homme, dans sa précipitation, renversa le seau dont le contenu se répandit sur le sol.

– Ne vous en faites pas, grand-père, dit la jeune fille en souriant à nouveau. J'ai moi-même renversé mon seau plus d'une fois. Et elle se mit à le remplir à nouveau.

Le mendiant tenait absolument à rendre service à la jeune fille qui l'avait si gentiment aidé à se relever, et essaya de soulever son seau de nacre qui était devenu bien lourd sous le poids de l'eau.

– S'il vous plaît, grand-père, si ce n'est pas trop difficile pour vous, j'aimerais que vous le souleviez un peu plus, lui demanda Fleur de Nacre.

– D'accord, dit le mendiant plein de bonne volonté.

Le vieil homme fit un tel effort pour satisfaire la jeune fille qu'il souleva le seau bien plus qu'il ne fallait, si bien que Fleur de Nacre ne put l'attraper pour le déposer sur son épaule.

– Grand-père, je ne voudrais pas vous embêter, mais vous soulevez le seau un peu trop haut et je n'arrive plus à l'attraper. Je suis vraiment désolée de vous ennuyer ainsi !

– C'est moi qui suis désolé, jeune et jolie demoiselle. Je vais m'y prendre autrement cette fois-ci.

Le mendiant s'y prit autrement, mais bien plus maladroitement. Il fit un faux mouvement et le seau faillit lui échapper. L'eau déborda du seau, éclaboussa le dos de la jeune femme et mouilla son vêtement.

– Je suis vraiment désolé. Je suis bien trop maladroit, dit le mendiant en essayant d'essuyer l'eau qui dégoulinait sur le tablier de Fleur de Nacre.

– Grand-père, ne vous inquiétez pas. Cela arrive à tout le monde de faire un faux mouvement, lui dit la jeune fille en lui adressant un sourire réconfortant.

Le mendiant regarda la belle jeune fille d'un air dubitatif. Il lui rendit son sourire, et plein de bonne volonté, souleva encore une fois le seau qui lui glissa des mains et tomba sur le sol dans un grand fracas de bris de nacre.

La jeune fille, en voyant son seau brisé en mille morceaux, ne put retenir ses larmes. Le mendiant lui jeta un œil scrutateur, puis s'agenouilla prestement et dit :

– Laisse-moi t'aider à ramasser tous les morceaux de nacre. Je vais voir ce que je peux faire. Je ne t'ai apporté que des ennuis, alors que toi, tu as été tellement gentille avec moi !

– Ce n'est vraiment pas de votre faute, grand-père, dit la jeune fille en sanglotant. Vous avez fait ce que vous pouviez pour m'aider.

Le mendiant rassembla tous les petits morceaux de nacre et les montra à la jeune femme.

– Quand ma mère me verra revenir à la maison sans mon petit seau, elle se fâchera. Elle me reprochera d'avoir brisé une pièce aussi rare et chère et voudra me punir, dit Fleur de Nacre en se remettant à pleurer.

Le clochard, dont les yeux sombres pétillaient d'un éclat malicieux, regarda gentiment la jeune fille et lui dit d'une voix rassurante et harmonieuse :

– Fais-moi confiance. Je sais comment réparer ton seau.

Le mendiant mit les morceaux de nacre dans un de ses haillons, ferma les yeux, et se mit à psalmodier une ancienne prière. Intriguée, la jeune fille essuya ses larmes et se mit à l'observer.

Au bout de quelques instants, le clochard ouvrit à nouveau les yeux, écarta les pans de son haillon et présenta à la jeune fille qui continuait de regarder attentivement, un petit seau de nacre, flambant neuf, identique au sien et qui brillait de mille feux sous le soleil du matin.

Le mendiant tendit à Fleur de Nacre qui avait retrouvé son sourire, le petit seau. La jeune fille se pencha vivement sur la margelle du puits et s'empressa de le remplir d'une eau fraîche et pure.

Lorsque Fleur de Nacre, un magnifique sourire de gratitude aux lèvres, se tourna à nouveau vers le clochard, elle remarqua que celui-ci ne ressemblait plus à l'homme qu'elle avait connu. Il n'était plus du tout voûté et semblait plus grand et plus fort. Intriguée, la jeune femme l'observa, mais, par politesse, elle ne posa aucune question.

Le mendiant fit un pas vers elle. Ses mouvements étaient souples et énergiques, très différents de ceux qu'il avait eus auparavant. Il lui dit :

– J'aimerais te demander un service.

La jeune fille n'en crut pas ses oreilles. La voix même de l'homme avait changé. Une voix belle, ferme et mélodieuse avait remplacé la petite voix chevrotante et nasillarde du vieillard.

La voix virile qu'elle entendit toucha le cœur de Fleur de Nacre et la bouleversa profondément.

– Si je peux faire quelque chose, cela sera avec joie, bafouilla Fleur de Nacre, en rosissant légèrement. Je ne sais vraiment pas ce que j'aurais fait sans votre aide. Vous savez, ma mère n'aurait pas hésité à me punir sévèrement pour avoir brisé mon seau de nacre.

– J'aimerais que tu demandes à tes parents s'ils seraient d'accord pour me laisser passer la nuit dans leur grange, dit celui qui était auparavant un vieux mendiant.

– Je pense que mon père serait d'accord, mais je ne sais pas si maman acceptera, dit Fleur de Nacre, l'air ennuyé. Elle a horreur des mendiants, mais je vais tout de même lui demander, je vous le promets.

– Pour la convaincre et la remercier, tu lui donneras, en paiement, ce qui restera dans ton seau, quand tu auras versé toute l'eau dans un autre récipient, dit, avec un sourire malicieux, l'ancien mendiant à la jeune fille étonnée.

La jeune fille tenta, en vain, d'apercevoir le fond de son petit seau de nacre, mais malgré toutes ses tentatives, elle ne parvint pas à savoir ce que le mendiant y avait mis.

« J'ai bien vu, d'après ce qu'il a fait, que ce vieil homme n'est pas un mendiant ordinaire. Mon seau de nacre était bel et bien brisé et ne pouvait en aucun cas être réparé. Et cet homme, après avoir prié les dieux, me l'a rendu entier et flambant neuf ! Il a un pouvoir énorme et pourrait bien être une incarnation divine », pensait avec appréhension Fleur de Nacre, sur le chemin qui la menait chez elle.

La jeune fille retourna dans la maison de ses parents avec son seau rempli à ras bord d'une eau fraîche et pure. Elle donna le seau à sa mère puis, après un instant d'hésitation, demanda à celle-ci si elle accepterait de laisser un vieux mendiant passer la nuit au chaud, dans la grange, derrière la maison.

– J'imagine que tu me parles de ce vieux clochard dégoûtant qui dort depuis trois nuits sur le seuil de notre porte ? demanda la mère fort irritée. Tu ferais mieux de t'occuper de verser l'eau dans les bols et les gobelets, ajouta-t-elle en montrant à la jeune femme une rangée de petits récipients en cuivre.

Fleur de Nacre baissa la tête confuse, reprit son petit seau et s'en alla vider son contenu dans les récipients que lui avait indiqués sa mère.

Soudain, après avoir versé la dernière goutte d'eau dans un gobelet, la jeune femme et sa mère entendirent quelque chose tomber et tinter au fond du petit récipient. Intriguée, la mère vint rejoindre sa fille pour voir ce qui avait bien pu tomber du seau.

Dans le petit gobelet en cuivre qui se trouvait devant elles, quelque chose se mit à briller. Après un regard à sa fille, la mère y plongea ses doigts et en sortit une énorme pièce d'or.

Fleur de Nacre qui se souvenait très clairement des paroles du mendiant, dit à sa mère en baissant la tête :

— Mère, ce présent est pour vous. Le mendiant me l'avait donné en paiement de sa nuit dans la grange.

— Je n'ai encore jamais vu un clochard qui pouvait payer, ne serait-ce qu'avec une petite pièce, son héberge-ment pour une nuit ! s'écria la mère. Eh bien, ma fille, tu peux aller trouver cet homme et lui annoncer que j'accède à sa demande. Il peut passer la nuit dans la grange, derrière la maison.

Le soir, comme tous les autres soirs, toute la famille était réunie dans la salle commune. Le père buvait du tchang en fumant sa pipe, la mère préparait des momos[1] pour le lende-main et les trois filles parlaient entre elles de leur avenir et de leurs rêves de mariage.

---

1. Sorte de petits beignets tibétains à la viande, au fromage ou aux légumes.

Les parents des jeunes filles avaient proposé au vieil homme de se joindre à eux pour la soirée. Celui-ci se tenait dans un coin de la pièce, paupières à demi-fermées, et observait discrètement les trois sœurs. Soudain, comme s'il s'était réveillé d'un long sommeil réparateur, il s'étira et demanda doucement :

— Mesdemoiselles, comment imaginez-vous votre vie de femme mariée ? Racontez-moi !

Fleur d'Or prit la parole et répondit de façon très arrogante :

— Moi, je ne me marierai qu'à une seule condition : je veux épouser un roi ou un prince car je n'ai nullement l'intention de me priver de toutes les bonnes choses que la vie peut offrir. Autrement, le mariage ne m'intéresse pas.

Fleur d'Argent partagea l'avis de sa grande sœur :

— Je suis tout à fait d'accord avec Fleur d'Or. Si nous ne trouvons pas de roi ou de prince à épouser, nous serons bonnes à jouer les servantes. Je préférerais, de loin, rester chez mes parents.

Le vieil homme regarda la plus jeune des trois sœurs droit dans les yeux et lui demanda :

— Et toi, Fleur de Nacre, qui aimerais-tu épouser ?

Fleur de Nacre baissa la tête, rougit légèrement et garda le silence.

Le mendiant sourit gentiment et dit à son intention :

— Je connais un fiancé qui te conviendrait parfaitement. Il s'appelle le prince du Lac noir et serait très heureux d'épouser une jeune femme aussi belle et bonne que toi.

— Qui est ce prince du Lac noir ? demandèrent, en cœur, Fleur d'Or et Fleur d'Argent. Nous n'en avons jamais entendu parler. Est-il riche et puissant ?

— Très riche et très puissant, dit le mendiant d'un air mystérieux, en regardant Fleur de Nacre de ses yeux à la couleur indéfinissable.

Le mendiant se leva, sourit tendrement à la plus jeune des trois sœurs et lui dit:

— Le prince du Lac noir serait vraiment très heureux de t'épouser. Il m'a demandé de lui trouver une épouse qui possède de grandes qualités: belle, bonne et vertueuse. Si tu te maries avec lui, Fleur de Nacre, tu seras heureuse pour le restant de tes jours. Je te le demande officiellement, belle et bonne jeune fille, acceptes-tu d'épouser mon prince, le prince du Lac noir?

La jeune fille rosit sous le regard acéré du vieil homme, puis fit un petit signe de tête pour lui signifier qu'elle acceptait sa proposition.

Le mendiant s'adressa ensuite aux parents de Fleur de Nacre qui écoutaient, l'air médusé:

— Je vous en fais le serment. En épousant mon prince, votre fille sera à l'abri du besoin et régnera sur une contrée riche et prospère.

— Mais nous ne connaissons pas votre prince! Nous n'en avons même jamais entendu parler! Comment pourrions-nous vous faire confiance? Je refuse catégoriquement de confier ma fille à un mendiant, tiens-toi le pour dit! s'écria la mère, fort irritée.

Le vieil homme regarda sévèrement les parents de la jeune fille et ses yeux à la couleur indéfinissable lancèrent des éclairs. La mère, qui s'était tue, se tourna vers son mari comme pour chercher son soutien.

Pendant ce temps, le vieil homme s'approcha de la benjamine et lui dit:

– Fleur de Nacre, je vais maintenant quitter cette maison et te laisser quelques instants pour réfléchir à ma proposition. Si tu es d'accord pour épouser mon prince, tu devras suivre les traces que laisseront mes pas sur le sol. Si tu me suis, mes pas te conduiront jusqu'au palais de mon prince. Aie confiance en ton destin!

En regardant le vieil homme quitter la pièce, la jeune fille hésita et ne put faire le moindre mouvement. Elle repensa soudain au seau brisé que le mendiant avait miraculeusement réparé et à la pièce d'or qui s'y trouvait. Elle se ressaisit, se tourna vers ses parents et ses sœurs qui la dévisageaient, ahuris, puis elle se leva et sortit rapidement de la pièce pour suivre le mendiant. La mère, voyant sa fille disparaître par l'entrebâillement de la porte, tenta de la rattraper:

– Fleur de Nacre! Que fais-tu? Tu ne peux tout de même pas suivre le premier mendiant venu! Tu as perdu la tête?

La jeune fille se tenait sur le seuil de la porte d'entrée et regardait les traces qu'avaient laissées les pas du vieil homme. Comme il le lui avait dit, celles-ci brillaient dans la nuit obscure et indiquaient le chemin que devait suivre Fleur de Nacre.

La jeune fille se tourna vers sa mère qui la regardait, atterrée. Elle lui sourit, puis s'enfuit rapidement dans la nuit noire à la poursuite du vieil homme.

Fleur de Nacre chemina toute la nuit, avec pour seule indication les traces laissées par le mendiant. Quand le jour commença à poindre à l'horizon, la jeune femme s'aperçut qu'elle était entourée de nombreux troupeaux de moutons. Elle s'arrêta près de quelques bergers et leur demanda:

– Bonjour, messieurs, je suis à la recherche d'un vieil homme. L'avez-vous vu passer ?

– Non, jolie demoiselle. Nous n'avons vu personne. Il n'y a que notre prince qui est passé nous rendre visite de bonne heure, ce matin.

La jeune femme poussa un long soupir, remercia les bergers et continua sa route. Les traces laissées par les pas du mendiant avaient presque disparu.

Un instant plus tard, elle se retrouva au beau milieu d'un énorme troupeau de yaks et de dris[1]. Elle s'arrêta près de leurs gardiens et leur demanda :

– Bonjour, messieurs, je suis à la recherche d'un vieil homme. L'avez-vous vu passer ?

– Non, jolie demoiselle. Nous n'avons vu personne. Il n'y a que notre prince qui est passé nous rendre visite de bonne heure, ce matin.

La jeune femme se demandait anxieusement où avait bien pu aller le vieil homme. Elle se posait également des questions sur ce prince qu'elle avait failli rencontrer plusieurs fois et qui régnait sur la contrée dans laquelle elle se trouvait.

Au détour d'un chemin, elle se retrouva soudain entourée de nombreux cavaliers auxquels elle demanda :

– Avez-vous vu passer un vieux mendiant ? Je l'ai cherché toute la nuit et j'ai bien peur d'avoir perdu sa trace.

– Non, nous n'avons vu personne. Nous sommes l'arrière-garde du prince qui règne sur cette contrée. Monte sur ce cheval et nous allons t'amener à lui. Il pourra peut-être répondre à ta question.

---

1. La dri est la femelle du yak.

La jeune femme accepta avec gratitude de monter sur l'un des chevaux car elle était bien trop fatiguée pour continuer à marcher.

Ils galopaient depuis peu quand le soleil fit son apparition et éclaira les alentours.

Subjuguée, la jeune fille s'arrêta pour admirer le paysage. Devant elle, se dressaient, à perte de vue, des collines boisées et au milieu d'elles, un magnifique palais, dont la pierre scintillait de mille feux, sous les rayons du soleil naissant. Derrière le palais, elle pouvait apercevoir un magnifique lac de couleur sombre dans lequel se reflétaient les collines environnantes.

Les cavaliers galopèrent rapidement en direction de l'entrée du palais devant lequel les attendait un vieil homme. Celui-ci accueillit la jeune fille avec un grand sourire :

– Nous espérions tous ta visite. Le prince du Lac noir t'attend à l'intérieur.

Fleur de Nacre, émerveillée par la beauté des lieux, pénétra dans la salle principale du palais, accompagnée par le vieil homme qui l'avait attendue à l'extérieur.

La jeune fille, entourée de son escorte et du vieil homme, avança timidement jusqu'au centre de la salle principale du palais, au milieu d'une rangée d'enfants qui portaient des gerbes de fleurs multicolores.

Un parfum d'encens royal embaumait tout l'espace autour d'elle, et des milliers de lampes à beurre éclairaient le magnifique endroit, lui donnant un air magique.

Lorsqu'elle fut arrivée au centre de l'immense salle, Fleur de Nacre vit un homme d'une très grande beauté se diriger vers elle. Il était accompagné de nombreux serviteurs qui portaient tous de splendides et merveilleux présents.

Quand il fut devant elle, le bel homme dont les yeux brillaient d'un éclat vif et chaleureux s'inclina devant la jeune femme et lui dit :

— Je suis le prince du Lac noir. J'ai voyagé longtemps pour mettre la main sur celle qui sera ma future épouse. Lors de ce périple, j'ai pris de nombreux déguisements pour éprouver les qualités et les vertus des femmes qui croisaient mon chemin. Et c'est ainsi que je t'ai rencontrée, toi, la plus jeune des filles de la famille, la plus gentille et compatissante. Je suis tombé très amoureux. Tu as toutes les vertus qu'un homme peut souhaiter. Fleur de Nacre, je te le demande aujourd'hui, acceptes-tu de devenir ma femme ?

La jeune fille fut émue jusqu'aux larmes. Elle regarda le bel homme qui se tenait devant elle, qui lui avait demandé d'être son épouse et répondit :

— Prince du Lac noir, je t'ai dit oui chez mes parents et t'ai suivi jusqu'ici. Je serai très heureuse de devenir ta femme. J'accepte de tout cœur ta proposition et je te remercie de la confiance que tu me témoignes.

Elle mit sa main dans la main du bel homme, et celui-ci la conduisit jusqu'à leurs trônes qui se trouvaient à quelques pas.

Le vieil homme qui avait reçu la jeune fille devant les portes du palais organisa les festivités pour célébrer le mariage du prince du Lac noir et de Fleur de Nacre.

La cérémonie de mariage fut somptueuse, même la nature, en ces jours heureux, s'était parée de mille feux. Le prince et sa fiancée furent véritablement les plus beaux mariés que la terre eût connus.

Le prince et la princesse vécurent très heureux jusqu'à la fin de leur vie. Ils régnèrent sur la contrée avec sagesse et justice et apportèrent la prospérité à tous leurs sujets.

Et après? Vous le saurez dans une prochaine histoire, lorsqu'ils reviendront sur terre et se rencontreront à nouveau pour régner sur une nouvelle contrée, pour le plus grand bonheur de leurs sujets.

Une nuit d'ivresse

IL Y A FORT longtemps, dans un petit village reculé, une femme intelligente et courageuse, qui avait épousé un mari sage et bon, vit son époux se transformer radicalement et commettre la pire des horreurs sous l'influence de l'alcool. Voici ce qui arriva…

Après quelques années de mariage, la femme donna naissance à un fils d'une très grande beauté. Le couple était si fier de leur enfant et si attaché à lui qu'ils avaient du mal à le quitter des yeux pour le laisser grandir.

Le mari et la femme s'aimaient profondément, mais les difficultés financières qu'ils rencontraient finirent par ternir leur amour et leur entente car, malgré tous les efforts qu'ils faisaient, ils ne réussissaient pas à acquérir un bon niveau de vie.

Le mari se sentait, de jour en jour, un peu plus humilié de ne pouvoir rivaliser avec les autres hommes de son village. Sa femme avait beau le valoriser et le parer de nombreuses vertus, il ne la croyait plus et allait de plus en plus souvent chez ses voisins pour boire et trinquer avec eux. Bref, il buvait jusqu'à en perdre la tête et pensait que l'alcool lui ferait oublier toutes ses difficultés.

À ce stade, la boisson ne pouvait plus être considérée comme une mauvaise habitude passagère, mais elle était devenue pour le mari une drogue dont il ne pouvait plus se passer. Son épouse avait beau le rappeler à l'ordre, il en était arrivé à négliger tous ses devoirs, et n'avait plus qu'une seule idée en tête : se précipiter chez son voisin pour boire jusqu'à plus soif.

Un jour, avant de sortir, sa femme lui dit :

– La quantité d'alcool que tu ingurgites est en train de te rendre fou. Te rends-tu compte que tu n'as plus aucune limite ? Tous les jours tu es imbibé. Il ne se passe pas une journée sans que tu sois ivre et que tu titubes. Je ne veux plus que tu continues comme ça ; tu dois absolument t'arrêter de boire. Si tu ne changes pas, c'est moi qui prendrais certaines décisions. Cette nuit, si tu es encore saoul, tu resteras dehors. Je refuse de t'ouvrir une fois de plus la porte, et de t'aider à te mettre au lit.

La femme regarda sévèrement son mari en disant ces paroles, mais celui-ci ne l'écouta pas.

Et ce soir-là, comme pour défier sa femme, le mari repartit chez son voisin et but encore plus que de coutume. Au beau milieu de la nuit, après plusieurs heures de beuveries, saoul comme un cochon, il décida de rentrer chez lui.

Le mari avait tellement bu qu'il ne voyait plus clair, et titubait dangereusement à chaque pas qu'il faisait.

Son épouse, quant à elle, après une journée de travail bien remplie, dormait à poings fermés, près du foyer, sous une couverture bien chaude, à côté de son fils.

Après être parvenu, tant bien que mal, devant la porte de sa maison, le mari, encore plus saoul que d'habitude, voulut entrer, mais, malheureusement pour lui, sa femme avait tenu parole et avait fermé à clé.

Le mari tenta d'ouvrir la porte, mais ne parvint pas à la forcer. Furieux, il tambourina dessus et cria tant qu'il put, mais sa femme, harassée de fatigue, était profondément endormie et n'entendit pas le bruit qu'il fit.

Il attendit un moment, mais comme personne ne venait lui ouvrir, il se décida à se rendre chez les voisins pour y chercher une échelle. De plus en plus furieux de ne pouvoir rentrer chez lui, il grimpa sur le toit de sa maison à l'aide de l'échelle des voisins. Il faillit tomber à plusieurs reprises.

Lorsqu'il fut en sécurité sur le toit, le mari se pencha sur l'ouverture par laquelle s'échappait la fumée, et aperçut son épouse qui dormait tranquillement près du foyer, en compagnie d'un homme à la chevelure noire et brillante.

Quand le mari vit sa femme qui dormait avec un autre homme, son sang ne fit qu'un tour. Il se mit à hurler et à faire de grands gestes avec le poing, en direction de son épouse qui dormait toujours tranquillement.

La silhouette menaçante et gesticulante du mari se découpait nettement dans le ciel sombre, éclairé par une lune pleine et brillante.

Comme s'il était subitement devenu fou, le mari regarda frénétiquement autour de lui et vit un tas de grosses pierres dans un coin. Il se précipita pour en saisir une, puis courut vers l'ouverture par laquelle il avait aperçu son épouse et y jeta, de toutes ses forces, la pierre qu'il avait dans les mains. Celle-ci tomba sur l'homme qui dormait près de sa femme. Satisfait de son forfait, le mari, un sourire stupide aux lèvres, redescendit du toit par l'échelle des voisins.

Arrivé en bas, il se mit à faire le tour de la maison, et vit qu'une des fenêtres du rez-de-chaussée avait été laissée ouverte. Ricanant, le mari se glissa, en catimini, dans sa maison.

Une fois à l'intérieur de son domicile, l'air triomphant, il s'approcha doucement de sa femme qui dormait toujours profondément. Il sourit bêtement en pensant au mauvais tour qu'il lui avait joué. Il regarda ensuite l'homme à ses côtés, mais recula d'effroi quand il s'aperçut que sa victime n'était autre que son fils bien-aimé et adoré qui gisait, sans vie, sur le sol, la cervelle éclatée.

« L'arme du fourbe se retourne contre le fourbe,
et la fronde en poil de chèvre atteint la tête de la chèvre. »

Les deux sœurs

AUTREFOIS, il y a très, très longtemps, dans une région vallonnée et boisée, vivaient deux sœurs issues d'une très bonne famille. L'une d'elle était encore jeune alors que l'autre était nettement plus âgée. L'aînée était non seulement plus belle que sa cadette, mais elle paraissait plus travailleuse et courageuse. La plus jeune, quant à elle, n'avait pas été gâtée à sa naissance. Elle avait un goitre sur le cou, était très mal proportionnée et, en vieillissant, avait de plus en plus de mal à survivre.

En les voyant ainsi dissemblables, les gens ne pouvaient s'empêcher de s'interroger : « Comment se faisait-il que deux sœurs issues du même père et de la même mère soient aussi différentes ? » L'aînée était belle, avait de l'allure et possédait de la fortune, alors que la cadette était laide, disgracieuse, et attirait la malchance…

La plus âgée des deux sœurs se disait tous les jours qu'elle ne pouvait en aucun cas être comparée à sa petite sœur qui, selon elle, la déshonorait.

La plus jeune, quant à elle, n'avait pas une très haute opinion d'elle-même. Elle se disait sans cesse qu'elle n'était bonne à rien. En effet, elle se trouvait bien lamentable comparée à sa grande sœur à qui tout réussissait, qui avait de la chance, et dont la beauté illuminait tout ce qu'elle touchait.

Après avoir longtemps ressassé ses malheurs, la plus jeune des deux sœurs se dit, finalement, qu'elle aurait toujours la possibilité, en cas de grande nécessité, de demander à son aînée ce dont elle pourrait avoir besoin.

Il ne fallut pas longtemps à la nécessité pour frapper à la porte de la plus jeune des deux sœurs. C'est ainsi qu'un beau jour, celle-ci se rendit chez sa sœur aînée pour y quémander de la nourriture.

L'aînée ouvrit la porte, et la toisa avec mépris.

– Que veux-tu ? dit-elle durement.

La cadette lui expliqua sa situation et la supplia de lui donner un peu de nourriture pour elle et ses deux enfants. L'aînée l'écouta avec un petit sourire aux lèvres, mais n'eut aucune intention de l'aider.

– Tu n'as pas honte de quémander ainsi ? dit l'aînée à sa cadette après l'avoir écoutée d'un air presque réjoui.

– Grande sœur, je t'en supplie. Si tu ne le fais pas pour moi, fais-le au moins pour ta nièce et pour ton neveu, répondit la jeune sœur à son aînée, l'air triste et abattu.

– Je n'ai nullement envie d'aider quelqu'un comme toi, et de plus, je n'ai pas l'intention d'assumer tes enfants et de les élever à ta place. Va-t'en, je ne veux plus jamais te revoir devant cette porte, dit l'aînée en tournant les talons et en lui claquant la porte au nez.

Triste et désemparée, la plus jeune des deux sœurs retourna, le cœur gros, vers sa maison. Elle ne savait pas quoi dire à ses enfants qui, lorsqu'elle arriva devant sa porte, se précipitèrent sur elle en demandant de la nourriture et en criant qu'ils mourraient de faim.

Pendant que ses deux enfants pleuraient en criant famine, la plus jeune des deux sœurs ne cessait de penser : « Je ne suis vraiment bonne à rien. Je ne suis même pas capable de remplir les estomacs de mes enfants et de les calmer en leur donnant de quoi se sustenter. »

Elle caressa les cheveux de ses enfants, essuya les larmes qui coulaient sur leurs joues, réfléchit un instant puis, discrètement, prit quelques petits cailloux blancs qu'elle mit dans un pot. Après avoir fait cela, elle se tourna vers ses enfants et s'adressa à eux d'une voix très douce :

— Mes enfants, j'aimerais que vous cessiez de pleurer tous les deux. Asseyez-vous pendant que je vous fais à manger. Je n'en ai pas pour très longtemps.

En entendant les paroles réconfortantes de leur mère, les enfants pensèrent qu'elle allait réellement leur préparer à manger. Ils cessèrent donc de pleurer, firent comme elle avait demandé et attendirent sagement sur des coussins. Comme ils étaient fatigués par le jeûne et le manque de sommeil, ils s'endormirent rapidement.

La jeune femme regarda ses enfants avec beaucoup de tendresse. Le chagrin et la tristesse la submergeaient et elle pensa : « Ma sœur m'a ignorée et insultée. Elle a été plus qu'odieuse. Je suis fatiguée et je n'ai plus aucune envie de continuer à vivre une existence telle que celle-ci. Il vaudrait mieux pour tout le monde que je me suicide en me jetant à l'eau. »

Désespérée, elle regarda à nouveau tristement ses deux enfants, posa une pauvre petite couverture sur eux pour qu'ils n'aient pas froid, puis ouvrit doucement la porte de chez elle et se dirigea vers la rivière.

Pour rejoindre la rivière, elle devait suivre un long chemin sur les bords duquel se dressaient deux arbres très dissemblables. L'un était gigantesque et l'autre très petit.

Elle avait déjà marché un bon moment quand elle arriva près de ces deux arbres. Comme elle était fatiguée, elle voulut s'asseoir un peu. Elle s'adossa donc sur le tronc du plus petit et ferma les yeux.

Après avoir fermé les yeux, la jeune femme se mit à voir ses enfants qui dormaient sous leur couverture, comme si elle-même se trouvait dans la pièce. Pendant tout le temps qu'avait duré sa marche vers la rivière, ses deux enfants avaient continué de dormir, paisiblement, un sourire aux lèvres, dans sa maison, sans se rendre compte qu'ils n'avaient pas mangé et que leur mère était partie. Leur avenir défilait devant les yeux de la jeune femme et n'eut bientôt plus aucun secret pour elle. Après avoir vu toutes ces images, elle ouvrit les yeux et se mit à pleurer abondamment. Ses larmes, grosses comme des perles, coulaient, sans discontinuer, sur ses joues noires et sales en y laissant des coulées blanches et claires. Le col de sa vieille tchouba[1] en était tout trempé.

La jeune femme ressentit un énorme remords et se dit : « Si je me jette à l'eau, et me suicide en pensant éviter ce monde de souffrance, qu'adviendra-t-il de mes deux enfants ? Ils n'ont que moi et sont issus de ma chair. Par ma faute, ils devront endurer bien des tourments sur cette terre de douleur. Ce n'est vraiment pas bien, de ma part, de mettre fin à mes jours. Je resterai ici, cette nuit et, demain, de bonne heure, j'irai quémander de la nourriture

---

1. Vêtement traditionnel tibétain, pour hommes et femmes, en laine ou peau de yak.

pour eux. Cela sera bien mieux ainsi, et je ferai tout ce qui est en mon pouvoir pour nous sortir de cette situation.»

Alors qu'elle s'était tranquillement endormie contre son tronc, le petit arbre demanda au plus grand:

– Wa yé, grand frère, ce soir nous avons une invitée. Quel tapis faudrait-il lui donner? Quelle couverture avons-nous à offrir? De quels habits pourrions-nous la vêtir? Quelle nourriture aimerait-elle pour dîner?

Le grand arbre répondit:

– Nous pouvons lui offrir deux épais tapis de laine, une couverture de laine brute, toute neuve, un toit, une tchouba bien chaude et comme nourriture, nous lui donnerons de la viande, du beurre et du thu[1].

Le petit arbre fit comme le lui avait dit son grand frère. Il posa près de la jeune femme la nourriture et les tapis, et la recouvrit de la tchouba bien chaude et de la couverture. Il étendit ensuite ses branches au-dessus d'elle afin qu'elle eût un toit pour la nuit.

Quand le jour se leva, le jeune arbre dit au plus grand:

– Wa yé, grand frère, que pourrions-nous offrir à notre hôte pour son retour chez elle? Et qu'allons-nous lui demander en échange?

Le grand arbre répondit:

– Qu'elle emporte tout ce que nous avons posé près d'elle la nuit dernière et toi, en échange, tu prendras le goitre qui se trouve sur son cou.

Quand le soleil se mit à briller, tous les objets de la nuit, ainsi que la nourriture, étaient encore devant la jeune femme et, comme l'avait demandé le plus grand des deux

---

1. Le thu est une sorte de gâteau à base de tsam-pa (farine d'orge grillé), de beurre, de sucre et de fromage.

frères, le goitre qui déformait auparavant son cou, avait disparu.

Quand la plus jeune des deux sœurs se réveilla, elle n'en crut pas ses yeux. Elle regarda encore et encore ses cadeaux, sentit un immense bonheur l'envahir et dit :

– Oh, que de belles choses ! Qui m'a donné tout cela ?

Lorsqu'elle prononça ces mots, le plus petit des deux arbres prit la parole :

– C'est mon grand frère et moi qui t'avons offert tout cela, petite sœur.

La jeune femme joignit les deux pouces et, pleine de gratitude, dit en s'inclinant devant les deux arbres frères :

– Savez-vous que vous venez de sauver trois vies ? La mienne et celle de mes deux enfants. Je vous en remercie infiniment. Je garderai pour toujours, tout au fond de mon cœur, vos bienfaits, je vous en serai éternellement reconnaissante.

Après avoir prononcé ces paroles, la jeune femme mit tous ses présents sur son dos et partit vers sa maison, pleine de joie.

Le niveau de vie de la plus jeune sœur et de ses deux enfants s'améliora de jour en jour, et elle n'eut plus aucun besoin de s'en aller quémander de la nourriture et de demander de l'aide à sa grande sœur.

Intriguée de ne jamais plus recevoir la visite de sa cadette, la sœur aînée commença à se poser des questions et se dit, alors que les jours passèrent sans avoir la moindre nouvelle : « Ma sœur, cette femme qui a un goitre, n'est qu'une vulgaire mendiante. Elle n'a jamais pu s'empêcher de demander de l'aide aux autres. Je me demande bien qui pourrait vouloir d'une femme aussi laide ? Personne, je suis sûre, mais il est tout de même étrange qu'elle ne soit plus jamais revenue chez moi pour mendier de la nourriture. Je suis curieuse de savoir ce qu'elle a pu mettre dans son assiette et celle de ses enfants… J'aimerais connaître ce qui a bien pu lui arriver… »

Sa curiosité était telle qu'elle la poussa à aller jusque devant la maison de sa sœur. À son grand étonnement, la sœur aînée s'aperçut que la maison de sa cadette était totalement différente de celle qu'elle avait connue. La maison était belle, propre, et donnait l'impression d'une grande richesse.

Fort intriguée, l'aînée des deux sœurs jeta un œil par l'entrebâillement de la porte et fut stupéfaite de constater que le goitre de sa petite sœur avait disparu et que celle-ci était devenue ravissante.

L'aînée sentit soudain la jalousie l'envahir et demanda brutalement à sa petite sœur :

– Que s'est-il passé ? Avant, plus les jours passaient et plus tu devenais pauvre. En plus de ton indigence, tu étais horriblement laide. Aujourd'hui tout est différent, tu n'as même plus de goitre. Pourrais-tu m'expliquer ce qui t'est arrivé ?

La jeune sœur répondit en souriant :

– Tu sais bien que j'étais une femme qui n'avait pour seul bien que ses deux enfants. Je n'avais jamais rien eu, et j'étais désespérée après que tu m'as renvoyée… Et elle se mit à raconter à son aînée ce qui lui était arrivé.

Aucun des habitants de la vallée ne soupçonnait que la plus âgée des deux sœurs possédait les cinq défauts[1]. Elle était très envieuse, mais elle avait toujours bien caché

---

1. Les cinq défauts bouddhistes sont : la paresse, l'oubli des instructions, la distraction, l'inattention et la tension.

toutes ses imperfections. En entendant le récit de sa cadette, elle se dit : « Moi aussi, je peux bien faire ce qu'a fait ma sœur. Je vais, comme elle, porter des vêtements de mendiante et me rendre près des deux arbres. Je suis sûre que j'obtiendrais bien plus qu'elle. »

Le jour suivant, l'aînée mit des vêtements qui lui donnaient l'apparence d'une mendiante et se rendit près des deux arbres qui avaient offert tant de présents à sa petite sœur. Elle s'adossa sur le plus petit des deux, attendit un bon moment, puis finit par s'endormir.

Le jeune arbre demanda :

– Wa yé, grand frère, ce soir nous avons une invitée. Quel tapis faudrait-il lui donner ? Quelle couverture avons-nous à offrir ? De quels habits pourrions-nous la vêtir ? Quelle nourriture aimerait-elle pour dîner ?

Le grand arbre répondit :

– Wa yé, petit frère, la terre servira de tapis à notre hôte de ce soir, le ciel sera sa couverture, les feuilles des arbres ses vêtements, et les petits cailloux noirs et blancs, qui se trouvent sur le chemin, sa nourriture.

Pendant que le grand arbre disait ces mots, les feuilles s'empilèrent sur l'aînée des deux sœurs et des petits cailloux noirs et blancs s'entassèrent tout autour d'elle.

Le lendemain, quand le soleil se leva et que les oiseaux se mirent à pépier, le petit arbre dit au plus grand :

– Wa yé, grand frère, maintenant que notre hôte est prête à se réveiller et à retourner chez elle, qu'allons-nous lui offrir ? Et que lui demanderons-nous en échange ?

Le grand arbre répondit à son petit frère :

– Wa yé, petit frère, nous allons offrir à notre hôte le goitre que nous avions obtenu auparavant et nous lui demanderons en échange la trace que laissent ses pieds sur le sol.

L'aînée des deux sœurs se réveilla bien après le lever du jour. Curieuse de connaître ce que lui avaient offert les deux arbres, elle regarda tout autour d'elle. Elle fut stupéfaite de voir qu'il n'y avait que des pierres et des feuilles à perte de vue et pas l'ombre d'un trésor.

Elle avait beau soulever les feuilles et les pierres autour des deux arbres, elle ne trouva rien, mais elle sentit rapidement quelque chose d'étrange sur son cou. Elle commença à se tâter, puis, poussa un cri d'horreur car, sur son cou, un goitre, semblable à celui que possédait auparavant sa jeune sœur, était apparu. Horrifiée, la sœur aînée se couvrit le cou des deux mains et courut vers sa maison.

La plus âgée des deux sœurs n'obtint aucun des trésors tant espérés. Au contraire, son aspect physique changea, elle devint laide et encore plus vieille, et le goitre sur son cou ne cessa jamais de grandir. Elle se terra chez elle et n'osa plus jamais montrer son visage.

La jeune sœur, quant à elle, reçut toutes sortes de richesses et de présents. Elle devint encore plus belle, et ses deux enfants grandirent plein de force et de vigueur. Les gens alentour les admiraient, et ils vécurent heureux et en paix jusqu'à la fin de leurs jours.

« Si un supérieur te protège de sa bienveillance,
même la ruade d'un cheval ne peut t'atteindre. »

L'homme de loi

DANS les temps anciens, dans une vallée profonde à l'ouest du Tibet, vivait une jeune femme nommée Péma[1]. Un jour, elle décida de partir de bon matin, se laver les cheveux dans la rivière, non loin de son village.

Arrivée au bord de l'eau, elle s'arrêta, posa ses affaires et regarda autour d'elle, mais les alentours étaient déserts car il était très tôt et la plupart des villageois dormaient encore.

Elle se déshabilla tranquillement et posa sur une grosse pierre plate, près de la rive, ses vêtements et ses deux bagues en or. Puis, dans le plus simple appareil, sans plus se préoccuper de ses affaires, elle s'enfonça dans l'eau et se lava le corps et les cheveux.

Assise sur un rocher, derrière un buisson, une jeune femme appelée Karma[2] observait la scène, sans être vue. Quand elle sentit que Péma était bien trop occupée à se laver les cheveux pour s'apercevoir de sa présence, elle s'approcha discrètement de la pierre plate et subtilisa les deux bagues en or posées dessus.

---

1. Péma, du sanskrit padma qui signifie lotus.
2. Karma, du sanskrit étoile, destin.

Après s'être lavée, Péma nagea encore un petit moment, puis sortit de l'eau et se sécha au soleil. Au moment de récupérer ses vêtements et ses bagues laissées sur la pierre plate, elle s'aperçut que ses bijoux avaient disparu.

Péma regarda les alentours, mais l'endroit où elle se trouvait était toujours aussi désert. Elle fouilla également l'herbe et le sol tout autour de la pierre ; ses bagues en or restaient introuvables.

De retour dans son village, Péma alla immédiatement trouver un homme de loi qui vivait parmi les villageois et lui raconta sa mésaventure.

Cet homme ne perdit pas de temps et convoqua Karma car elle était connue de tous pour avoir, de nombreuses fois, volé les biens d'autrui.

L'homme de loi réunit une petite assemblée pour juger l'affaire. Il interrogea Karma, qui portait déjà les deux bagues en or, en présence de Péma, mais la voleuse nia tout en bloc :

– Ces deux bagues en or que je porte m'ont été données par ma pauvre mère, décédée il y a fort longtemps, répondit-elle pour toute défense.

« Malheureusement, je n'ai aucune preuve dans toute cette affaire, pensa l'homme de loi. Je dois trouver un moyen de piéger cette voleuse ! » :

– Ma décision est prise, dit-il en s'adressant aux deux jeunes femmes d'un ton tranchant. Vous devez vous partager ces deux bagues. C'est la seule façon que j'ai de contenter tout le monde.

Karma, la voleuse se dit : « Si j'accepte la décision de cet homme de loi, tout le monde verra que j'ai suivi son conseil. Cela sera à mon avantage, à tous les niveaux. Même si je ne garde qu'une seule des deux bagues, c'est une bonne affaire car elle ne m'aura pas coûté bien cher!» Elle regarda l'homme de loi, droit dans les yeux, et répondit d'une voix qui se voulait enjôleuse:

– D'accord, je me plie à votre décision. Comme cela me semble être le plus juste, je ferai ce que vous me demandez.

Péma pensa: «Je n'ai aucune raison de donner cette bague. Si j'avais décidé de la céder, je l'aurais vendue et j'aurais obtenu pas mal d'argent. Je ne veux pas que l'on m'impose de donner mon bien à quelqu'un d'autre. Et, si un jour je décidais de donner ma bague, cela se passerait en toute discrétion et personne ne le saurait. En aucun cas, cela ne concernerait un homme de loi et son assemblée!»

Après avoir jeté un œil sur l'assemblée réunie autour du juge, Péma regarda l'homme de loi d'un air de défi, et lui répondit abruptement:

– Je suis déçue, vous n'êtes absolument pas juste. Je ne peux pas accepter votre décision. Ces bagues m'appartiennent et je refuse d'en céder ne serait-ce qu'une.

Le juge regarda Péma en souriant et dit à nouveau:

– Très bien, j'ai entendu tout ce que vous m'avez dit toutes les deux, et, maintenant, l'affaire me semble claire. Il est évident que les deux bagues en or appartiennent à Péma, dit-il en se tournant vers l'assemblée réunie autour de lui. Je décide donc, officiellement, de remettre les deux bagues à leur propriétaire et de punir Karma pour le vol qu'elle a commis.

La jeune Péma avait refusé de céder sa bague à Karma, alors que la voleuse était d'accord avec le compromis qu'avait suggéré le juge. Cette dernière considérait qu'obtenir cette précieuse bague, sans dépenser un seul sou, était une transaction plus que satisfaisante et justifiait amplement son attitude conciliante. Et c'était une erreur car, c'est en observant la réaction des deux jeunes femmes que la situation apparut clairement à l'homme de loi qui prit sa décision et jugea équitablement l'affaire.

En ce temps-là, il y avait également, dans une vallée proche du village de l'homme de loi, un roi qui avait épousé deux reines.

Les deux reines avaient une grande différence d'âge. L'une, d'un certain âge régnait aux côtés du roi depuis de nombreuses années, et l'autre, très jeune n'était l'épouse du roi que depuis très peu de temps.

Lorsque la plus jeune des deux reines se retrouva enceinte, l'aînée se dit : « Si elle réussit à engendrer un fils, il est évident qu'elle deviendra la première reine. Moi, pendant toutes ces années, j'ai fait ce que je pouvais, mais malgré cela, je n'ai pas réussi à donner un fils au roi. Il faut absolument que je trouve une solution à ce problème. Si je n'y arrive pas, je serai évincée, la jeune reine prendra ma place et quand le roi ne sera plus, son fils héritera du royaume et le gouvernera. »

La plus âgée des deux reines réfléchit très longtemps, puis décida de raconter qu'elle était également enceinte. Elle s'enveloppa de plusieurs couches de vêtements, dont le nombre augmentait au fur et à mesure que les semaines passaient. Tout le monde fut dupe et crut qu'elle aussi attendait un enfant.

Quelques mois plus tard, la jeune reine donna naissance à un très beau garçon. Pendant que la jeune mère dormait, l'aînée des deux reines pénétra subrepticement dans sa chambre et s'empara de son fils. Elle s'enfuit avec lui jusqu'à la salle du conseil et s'adressa à tout le monde en brandissant l'enfant :

– Regardez mon fils! Regardez le fils du roi! J'ai mis au monde le nouvel héritier du royaume.

Pendant ce temps, la plus jeune des deux reines, se réveilla et constata que son enfant avait disparu. En entendant les bruits de pas précipités dans le couloir, elle sortit de sa chambre, affolée, et courut jusqu'à la grande salle.

Quand elle arriva devant le roi elle aperçut la plus âgée des reines qui brandissait son fils.

La jeune reine se dirigea vers son aînée, puis la désigna du doigt et se tourna vers l'assemblée en disant:

– Ce petit garçon qu'elle tient n'est pas son fils, mais le mien. Elle s'est glissée dans ma chambre et me l'a volé il y a quelques instants!

– Tu es folle! Tu as perdu la raison, cet enfant n'est pas ton fils, mais le mien, rétorqua l'aînée agressivement. Je ne sais pas qui a volé ton enfant, mais une chose est sûre, c'est que ce n'est pas moi.

Le roi se trouvait pris entre deux feux et n'arrivait pas à prendre de décision. Il demanda qu'on lui amène l'homme de loi qui vivait dans la vallée voisine.

Quand l'homme de loi fut devant le roi, celui-ci lui expliqua les raisons pour lesquelles il l'avait fait mander, et lui demanda de lui trouver une solution pour son épineux problème.

L'homme de la vallée voisine réfléchit un moment puis répondit au roi:

– Les deux reines doivent toutes les deux attraper une partie du nourrisson et tirer dessus de toutes leurs forces. En aucun cas, elles ne doivent lâcher l'enfant, quitte à le déchirer en deux morceaux. Celle qui fléchira en premier et lâchera l'enfant aura perdu. L'autre sera officiellement reconnue comme la mère de l'enfant et obtiendra la garde du bébé.

Le roi réunit, à nouveau, son assemblée, et les deux reines dans la grande salle. Il annonça à toutes et à tous que le moment d'attribuer une mère à son fils, et de départager ses deux épouses était enfin arrivé.

Il pria les deux femmes de se mettre au milieu de l'assemblée et leur tendit l'enfant qui se mit à pleurer. Il leur expliqua les règles de l'épreuve, et leur demanda de commencer à tirer sur l'enfant.

L'aînée se dit : « Je dois absolument obtenir gain de cause, et je n'ai nullement l'intention de lâcher ce nourrisson. » Et elle tira de toutes ses forces sur l'enfant qui se mit à hurler à pleins poumons.

La jeune reine, les larmes plein les yeux, pensa : « Cet enfant est issu de ma chair, et je ne veux pas lui faire de mal. Je préfère l'abandonner à mon aînée et, de loin, veiller sur lui. » Elle eut très peur de faire du mal à son fils et refusa de tirer sur lui. Elle baissa les bras et fit signe qu'elle abandonnait la partie.

Un sourire triomphant apparut sur les lèvres de l'aînée des deux reines, qui s'empressa de serrer l'enfant contre son sein.

L'homme de loi, qui assista à la scène, se leva et dit alors au roi et à l'assemblée :

– Oh la so so ! Ma décision est prise ! Je sais qui est la mère de l'enfant. Je décide de le confier à la plus jeune des deux reines. En effet, de toute évidence, ce petit garçon est né de sa chair et lui appartient. Vous tous, ici présents, avez pu constater que l'aînée des deux reines a tiré de toutes ses forces sur l'enfant, sans aucun égard pour lui et sans aucune gentillesse. Nous avons là la preuve même que ce petit garçon n'est pas issu de sa chair. La plus jeune des deux reines a eu peur de lui faire du mal. Elle a préféré baisser les bras et abandonner l'enfant à son aînée, plutôt que de le faire souffrir et de lui infliger des blessures. Il suffisait d'observer. Il est évident que le bébé appartient à la plus jeune des deux reines !

La plus jeune des deux reines avait en effet refusé de tirer sur l'enfant par peur de le blesser, alors que son aînée avait commencé à tirer de toutes ses forces sur le petit garçon. Celle-ci avait pensé qu'en suivant la consigne de l'homme de loi, on lui attribuerait l'enfant qu'elle avait dérobé. Et c'était une erreur car c'est en observant la réaction des deux reines que la situation apparut clairement à l'homme de loi qui prit sa décision et jugea équitablement l'affaire en rendant le petit garçon volé à sa véritable mère.

Peau de chien

IL Y A FORT longtemps de cela, il y avait une veuve qui habitait une maison, isolée au fond d'une vallée, avec ses trois filles : l'aînée, la cadette et la benjamine. Les quatre femmes vivaient de leurs travaux qu'elles vendaient alentour et n'étaient ni riches ni pauvres.

Un jour d'automne, alors qu'elles étaient assises devant leur maison, un gros chien noir, qui portait un énorme sac en toile, s'arrêta devant elles et leur dit :

– Vous voyez ce gros sac sur mon dos ? Il est rempli jusqu'en haut de tsam-pa[1]. Il est vraiment très lourd et je suis extrêmement fatigué de le porter. Auriez-vous la gentillesse de garder ce sac pour moi ?... Jusqu'à mon prochain passage ?

Étonnées par la demande qui leur était faite, les quatre femmes acceptèrent tout de même de garder le sac de tsam-pa jusqu'au retour du chien.

Celui-ci, tout heureux de pouvoir enfin se débarrasser de sa charge, posa son sac devant la mère et ses trois filles, leur fit un grand sourire et partit en courant.

---

1. Farine d'orge grillé.

91

Une année s'écoula, puis deux années, puis trois… Mais le gros chien ne revenait toujours pas.

Un jour, au début de la quatrième année, les quatre femmes avaient épuisé leur propre provision de *tsam-pa*. Elles discutèrent entre elles un bon moment, puis se décidèrent à puiser dans le sac que leur avait laissé le gros chien noir. Elles utilisèrent sa réserve jusqu'à ce qu'elles soient à nouveau ravitaillées.

Et, c'est le jour où elles essayèrent, en vain, de remettre de la *tsam-pa* dans le sac que le chien leur avait laissé, que celui-ci revint récupérer son bien.

Le chien attendait patiemment devant la maison qu'elles lui apportent son gros sac. Et elles, dans la réserve, ne savaient plus quoi faire… Plus elles versaient de tsampa, moins le sac se remplissait. Elles avaient l'impression que celui-ci était sans fond. Bref, malgré tous leurs efforts, elles ne parvenaient absolument pas à le remplir. Découragées, elles se décidèrent à aller tout raconter au gros chien noir.

Lorsqu'elles furent devant lui, la mère prit la parole :

– Nous vous avons attendu pendant plus de trois ans, mais vous ne vous êtes jamais manifesté. Votre sac est resté en l'état pendant tout ce temps. Il y a quelques jours, nous n'avions plus de tsam-pa. Nous nous sommes décidées à puiser dans votre réserve, avec l'intention de vous rendre de la tsam-pa dès que nous en aurions à nouveau. Aujourd'hui, nous avons été ravitaillées et nous étions en train de remplir votre sac lorsque vous êtes arrivé. Mais nous avons beau verser de la tsam-pa, encore et encore, n'avons toujours pas réussi à remplir votre sac. Nous sommes vraiment désolées. Nous ne savons pas quoi faire.

Pour nous amender, nous ferons tout ce que vous nous demanderez. Je ne peux rien vous dire d'autre…

Le chien les regarda tour à tour et répondit :

— Mère, si c'est comme ça, je ne peux qu'accepter votre offre. En effet, il y a bien quelque chose que j'aimerais vous demander.

— Dites-moi et je m'empresserai de satisfaire votre demande, lui répondit la mère soulagée.

— Je repartirais bien d'ici en compagnie de l'une de vos filles.

La mère fut très surprise, mais elle avait donné sa parole. Elle accéda donc à la demande du chien et lui céda sa fille aînée. Comme le chien semblait pressé et voulait partir sur le champ, la mère rassembla, pour le voyage, de la viande, de la *tsam-pa*, des os et un reste d'orge fermenté. Quand tout fut prêt, le chien fit un signe d'adieu à la mère, puis demanda à la fille aînée de le suivre, tout en se disant qu'il lui faudrait garder un œil vigilant sur cette jeune personne.

Alors qu'ils marchaient ensemble depuis quelques heures, ils arrivèrent sur les bords d'un fleuve où ils firent une halte.

Le chien dit à la jeune femme :

— Fille aînée, nous allons nous reposer et nous restaurer. Tu pourrais manger un peu de *tsam-pa* et de viande, et me donner les os et le reste d'orge fermenté !

— D'accord, je m'en occupe, dit la fille aînée en partageant le repas comme le lui avait demandé le gros chien noir qui ne cessait de l'observer.

Après avoir mangé en silence, le chien ajouta :

— Nous allons nous reposer un peu et ensuite nous devrons traverser la rivière. Vas-tu me porter ou devrais-je te porter ?

La fille le regarda d'un air offusqué et lui répondit :

– Je crois que tu as oublié à quoi tu ressembles ! N'oublie pas que tu es un chien, et que moi je suis une femme. Alors, il me semble que c'est plutôt à toi de me porter !

Lorsqu'elle lui fit cette réponse, le gros chien noir sut que jamais il ne pourrait apprécier cette jeune femme ni s'entendre avec elle. Il se décida à la raccompagner chez elle et à demander à sa mère de la reprendre.

Lorsque le chien fut à nouveau devant la mère des trois jeunes femmes, il lui dit :

– Mère, j'ai bien réfléchi et je n'ai pas envie d'être en compagnie de ta fille aînée. Je préférerais que tu me confies ta fille cadette.

– Je t'ai donné ma parole et je tiens à ce que tu sois satisfait. Je te confie donc ma fille cadette et je te demanderais de prendre bien soin d'elle.

Le gros chien noir échangea donc la fille aînée contre la cadette et repartit avec elle, par le même chemin. La mère lui donna également, pour le voyage, de la viande, de la tsam-pa, des os et un reste d'orge fermenté.

Lorsqu'ils arrivèrent au bord du même fleuve, le chien proposa à la cadette de s'arrêter pour se restaurer et se reposer. Celle-ci se comporta exactement de la même façon que son aînée : elle mangea la viande et la tsam-pa, et donna les os et le reste d'orge fermenté au chien.

Quand ce dernier lui demanda comment traverser le fleuve, la jeune femme lui répondit :

– C'est à toi de me porter ! C'est toi le chien !

Lorsqu'elle lui fit cette réponse, le gros chien noir sut que, comme pour son aînée, il ne pourrait jamais l'apprécier ni s'entendre avec elle. Il se décida à la raccompagner chez elle, à demander à sa mère de la reprendre, et de lui confier la benjamine.

Lorsque le chien se présenta devant la mère, il lui dit, d'un air suppliant :

— Mère, je me suis à nouveau trompé. Je vous demanderais de bien vouloir me confier la benjamine. Si je ne suis pas satisfait, je vous la ramènerais, comme les deux autres, votre dette sera effacée à jamais, et c'est moi qui vous devrais un sac de tsam-pa.

La mère n'eut pas d'autre choix que celui d'accéder à la demande du gros chien noir. Après qu'elle lui eut confié la plus jeune de ses filles en lui donnant à nouveau de la viande, de la tsam-pa, des os et un reste d'orge fermenté pour le voyage, le chien repartit rapidement avec la benjamine par le même chemin.

Quand ils arrivèrent près du fleuve, tous deux firent une halte pour se reposer et manger. Le gros chien noir dit alors à la benjamine :

— Nous allons rester ici un petit moment pour nous restaurer et nous reposer. Tu peux manger la viande et la tsam-pa, et me donner les os et le reste d'orge.

La jeune fille l'observa un instant et répondit :

— Tu as beau être un chien, tu restes tout de même mon mari. Cela ne serait vraiment pas convenable de te donner des os et un reste d'orge, alors que moi je mangerais de la tsam-pa et de la viande. Nous allons partager tout ce qu'il y a, et le manger ensemble.

Elle partagea, en parts égales, la viande et la tsam-pa et ils mangèrent, tous deux, tranquillement, leur nourriture.

Après le repas, le chien montra le fleuve à la jeune femme et dit :

– Pour arriver chez moi, nous devons traverser ce fleuve. Je crois qu'il vaudrait mieux que je te porte… Qu'en penses-tu ?

– Il n'en est pas question. L'eau risquerait de t'emporter, car tu es un animal et tu es bien plus léger que moi. De plus, je pense que je suis meilleure nageuse que toi. Alors, il me semble qu'il est préférable que je te porte, répondit-elle en souriant.

La jeune femme attacha le chien sur son dos, et entreprit la traversée du fleuve.

En observant le comportement de la benjamine, le gros chien noir constata qu'elle avait un bien meilleur caractère que ses deux sœurs. Il décida donc de l'épouser et peu de temps après, de leur union, naquirent trois chiots.

Un jour, le gros chien noir, sa femme, la benjamine, et les trois chiots arrivèrent près d'un très beau château.

Le chien regarda le château en souriant et dit à ses enfants :

– Les enfants, je dois me rendre dans ce beau château pour demander de la nourriture car nous n'avons plus rien à manger. Je vous demanderais de rester ici en compagnie de votre mère et d'attendre mon retour.

La benjamine regarda son mari, l'air paniqué et dit :

– Mon bon chien, je t'en supplie, n'y va pas. Il y a beaucoup trop de chiens en liberté autour du château. Ils ne te laisseront même pas approcher et te dévoreront dès qu'ils t'apercevront. C'est à moi qu'il incombe d'aller y quémander de la nourriture.

Le chien ne l'écouta pas et partit en courant, au grand désespoir de la jeune femme.

Après avoir couru un petit moment, le gros chien noir arriva aux portes du château. Dès qu'ils l'aperçurent, les immenses chiens de garde se précipitèrent sur lui et le mirent en pièces.

La benjamine qui, de loin, assista impuissante à la scène, éprouva une immense tristesse et un très gros chagrin. Elle se mit à pleurer toutes les larmes de son corps. Elle pleura tant et si bien qu'elle ne remarqua pas les cavaliers qui chevauchèrent dans sa direction et s'arrêtèrent révérencieusement devant elle.

– Votre Majesté, nous vous demandons respectueusement de nous suivre et de monter sur ce cheval! lui dirent-ils en courbant la tête.

Surprise d'entendre des voix, la benjamine releva la tête et aperçut les cavaliers devant elle. Elle les regarda, l'air perdu et répondit:

– Messieurs, vous vous trompez de personne. Je ne suis pas la femme du roi. Je n'avais qu'un compagnon… Un chien… Et il vient de mourir, déchiqueté par vos chiens de garde, dit-elle en se remettant à pleurer.

Les cavaliers s'emparèrent doucement de la benjamine et de ses trois chiots, la mirent sur un cheval et l'amenèrent au palais. Ils la conduisirent ensuite devant un roi d'une beauté éblouissante qui était assis sur un trône, au centre de la salle. À la droite du roi se trouvait un trône d'argent et à sa gauche, un trône de turquoise.

Lorsque la jeune femme fut devant lui, le roi se leva, lui prit la main et la conduisit vers le trône de turquoise sur lequel il lui demanda de s'asseoir. Il caressa ensuite les trois chiots qui se transformèrent en deux splendides princes et une magnifique princesse qui prirent place, à côté de lui, sur le trône d'argent.

Les ministres et le peuple qui assistèrent, stupéfaits, à la transformation des trois petits chiens, acclamèrent bruyamment le couple royal et ses enfants.

Et c'est ainsi que la plus jeune des filles de la veuve qui vivait dans la vallée devint la femme d'un roi juste et puissant. Le roi, la reine et leurs trois enfants vécurent heureux ensemble car… La fumée du beurre que l'on brûle rejoint le ciel et les feuilles empoisonnées finissent par se transformer en eau.

« Si on le fait sortir de la bouche, c'est un remède.
Si on le garde dans les entrailles c'est un poison. »

Le secret

IL ÉTAIT une fois, dans une vallée profonde, un couple de marchands qui vivait dans un petit village, au bord d'une rivière. Le mari était toujours en voyage, en raison de son activité, tandis que la femme s'occupait du foyer.

Selon tous les habitants du village, l'épouse s'occupait très bien de sa maison. Elle préparait d'excellents repas, des boissons douces et sucrées, faisait le ménage très consciencieusement, et se consacrait sérieusement à rendre la vie de son mari des plus agréables.

Le mari et la femme s'aimaient très fort et vivaient très heureux depuis de nombreuses années. Mais un jour, le marchand quitta son domicile pour un voyage d'affaires, et dut s'absenter plusieurs mois. Quand il revint chez lui, il fut très surpris de constater que l'attitude de son épouse à son égard avait changé.

Son épouse n'était plus aussi joyeuse et amoureuse qu'auparavant. Le marchand le prit très mal. Il devint maussade et se dit que sa femme avait peut-être, en son absence, pris un amant. Il commençait vraiment à douter de sa fidélité, mais n'osait pas lui en parler.

Ne pouvant plus supporter la situation dans laquelle il se trouvait, le marchand rendit visite à un ami en qui il avait toute confiance, pour lui faire part des doutes qui l'assaillaient.

Il se mit à se plaindre, lui raconta que son épouse n'était plus comme avant, que son attitude avait énormément changé à son égard, qu'elle était bien plus froide et plus distante, et qu'elle n'était plus aux petits soins pour lui.

Son ami l'écouta attentivement et lui répondit :

– Ce n'est pas la peine que tu te mettes dans un tel état ! J'ai bien réfléchi à ton problème et j'ai peut-être une idée qui pourrait t'apporter la solution. Écoute-moi bien. Tu vas quitter ton domicile pour une durée de trois jours, comme si tu partais faire des affaires. Pendant ce temps, tu viendras t'installer chez moi. Moi, de mon côté, je me déguiserai en religieux, et j'irai quémander l'hospitalité à ta femme. Je tâcherai de rester plusieurs jours, ce qui me permettra de surveiller ce qui se passe chez toi. Quand les trois jours seront écoulés, tu retourneras dans ta maison, en faisant semblant d'être malade. Nous verrons bien, à ce moment-là, comment se comportera ton épouse. Si elle se montre gentille ou pas !

Le marchand écouta attentivement son ami et fut d'accord pour agir comme il avait suggéré de le faire. Il retourna ensuite chez lui et se comporta comme d'habitude avec son épouse. Le lendemain matin, il prétendit devoir partir quelques jours pour ses affaires et dit à sa femme :

– Je dois absolument partir quelques jours. Pendant mon absence, comme tu seras seule à la maison, je ne tiens pas à ce que tu offres l'asile à un mendiant de passage. Je te demande de bien fermer les portes et les fenêtres.

Et sur ces recommandations, le marchand quitta sa maison.

Après le départ du marchand, sa femme pensa amèrement: «Il m'a dit qu'il ne s'absenterait que quelques jours, mais, comme d'habitude, il ne reviendra pas avant quelques mois! Je me demande s'il n'a pas quelqu'un d'autre dans sa vie pour disparaître ainsi!»

Ces réflexions l'attristèrent une partie de la journée, puis elle décida de se ressaisir. Elle remit un peu d'ordre dans ses cheveux, se dirigea chez un voisin, qui lui avait demandé depuis quelque temps de devenir sa maîtresse, car celui-ci avait constaté que son mari l'abandonnait de plus en plus.

Elle informa son voisin du nouveau départ de son mari, l'invita à passer la soirée chez elle, puis retourna, en toute hâte, dans sa maison.

La femme du marchand, très en colère contre son époux, avait la ferme intention de passer un agréable moment en compagnie de son voisin, et prépara du thé, du tchang, des momos[1] à la viande et beaucoup d'autres choses qui l'occupèrent une bonne partie de l'après-midi.

Après avoir préparé de nombreuses et délicieuses nourritures, elle se rendit derrière la maison et s'apprêta à tuer leur mouton noir[2] qui dormait tranquillement sans se douter de rien. Elle fut interrompue dans son projet par un vieux religieux qui se dirigeait lentement vers elle.

Arrivé à sa hauteur, le religieux prit la parole:

– Bonjour, grande sœur, je suis un pèlerin qui voyage à travers le pays, et je récite pour tout le monde des bénédic-

---

1. Raviolis à base de légumes, de viande ou de fromage.
2. Le mouton noir est un animal auspicieux, symbole de longue et heureuse vie pour tous les couples. Il est de bon augure de garder un mouton noir dans les foyers des personnes mariées.

tions et des prières. J'aurais besoin de dormir au chaud cette nuit, car je deviens vieux. Pourrais-tu m'offrir l'hospitalité ?

La femme du marchand répondit :

– Non, je suis désolée, mais je ne peux vraiment pas te donner l'hospitalité. Mon mari vient de partir en voyage et m'a demandé de ne laisser entrer personne dans la maison, pendant toute la durée de son absence.

Le religieux la regarda longuement puis ajouta :

– Grande sœur, je ne suis qu'un religieux. Je ne fais vraiment rien d'autre que prier et donner des bénédictions. Je veille à ne faire aucune mauvaise action. S'il te plaît, je te le redemande, laisse-moi entrer chez toi.

Après avoir discuté un moment, elle accepta finalement d'ouvrir sa porte au religieux et de lui donner l'hospitalité. Elle le fit entrer dans une petite pièce et lui offrit du thé.

Le soir venu, la femme du marchand attendit son futur amant près de la porte d'entrée. Elle n'eut pas longtemps à attendre, car celui-ci, ne voulant pas perdre la possibilité de passer une soirée en sa compagnie, se précipita chez elle dès qu'il le put. Elle, qui d'habitude, était très réservée, l'embrassa passionnément et fut des plus démonstratives. Après ces effusions, l'épouse le conduisit à l'intérieur de sa maison.

La femme du marchand avait les joues en feu et ne pouvait s'empêcher de regarder son futur amant à la dérobée et de l'admirer. Lui, de son côté, ne cessait de la flatter et de lui faire toutes sortes de compliments.

De sa petite pièce, l'ami du marchand, déguisé en religieux, observa secrètement et prudemment la maîtresse de maison et celui qui allait devenir son amant.

Pendant trois jours, il assista à toutes les scènes. Il vit tout ce qui se passait dans la maison de son ami, comment sa femme et son amant se dévoraient des yeux, comment ils tuèrent le mouton noir et firent sécher sa peau sur la porte, comment elle lui offrait continuellement du thé et du tchang, et comment ils passaient leur temps à rire, à plaisanter et à se séduire.

Le soir du troisième jour, la femme du marchand prépara une délicieuse soupe dans une casserole en terre cuite. Elle y avait ajouté une importante quantité de viande de mouton et attendait qu'elle mijote quelque temps avant de la servir. Pour l'aider à patienter, la maîtresse de maison servit à son amant une bonne rasade de tchang, et se blottit contre lui. Tous deux s'embrassèrent tendrement et se cajolèrent amoureusement, jusqu'à en oublier la soupe qui mijotait sur le feu.

Soudain, quelqu'un frappa brutalement à la porte d'entrée, et une voix d'homme cria le nom de la maîtresse de maison. La femme se releva rapidement et écouta, pétrifiée, la voix qui venait de l'extérieur.

Elle se ressaisit en reconnaissant la voix de son mari, mit de l'ordre dans ses vêtements, et demanda à son amant de se cacher dans une grande malle en bois, qu'elle lui désigna du doigt. Elle s'empara ensuite du tchang qu'elle avait versé à son voisin, puis se précipita à l'étage pour le jeter dans la gouttière. Elle redescendit les escaliers rapidement et s'en alla ouvrir la porte en se comportant comme si elle s'était assoupie.

L'ami du marchand, déguisé en religieux, qui avait clairement assisté à toute la scène, fit semblant de dormir et de n'avoir rien entendu.

Le marchand pénétra dans la pièce et, selon le plan de son ami, se comporta comme s'il était gravement malade. Courbé en deux, il ne cessait de se lamenter :

– Ara ara, aro aro ! J'ai mal… J'ai tellement mal…

La femme du marchand, qui commençait à s'inquiéter, demanda gentiment à son époux :

— Que t'est-il arrivé ? Que s'est-il passé ?

Le marchand, jouant toujours la comédie, lui répondit avec beaucoup de difficulté :

— Cette fois-ci, je n'ai vraiment pas eu de chance. Quand je suis parti d'ici, après une journée et demie de voyage, mon corps s'est mis à vibrer de tous les côtés. J'ai commencé à avoir très, très mal. Je ne pouvais absolument plus continuer. Je ne savais même pas si j'allais pouvoir revenir à la maison. Je ne sais pas ce que j'ai. Il faut que tu fasses venir un lama, le plus rapidement possible pour lui demander conseil.

De plus en plus inquiète, elle tenta de le rassurer et lui répondit :

— Allonge-toi et ne t'en fais pas. J'ai peut-être la solution. Peu de temps après ton départ, un religieux est venu me demander l'hospitalité. D'abord, je n'ai pas voulu, puis j'ai accepté car c'était un véritable religieux. Il est encore à la maison et dort dans la petite pièce du fond. Je vais aller le chercher… Aujourd'hui, je mesure à quel point nous avons de la chance, toi et moi, qu'un lama se trouve dans nos murs.

La maîtresse de maison quitta son mari et se rendit rapidement devant la porte de la chambre dans laquelle dormait le religieux. Elle frappa à la porte en espérant, de tout son cœur qu'il ne soupçonnât rien de ses infidélités. Quand l'ami de son mari ouvrit la porte, elle lui dit :

— Kouchola[1], au moment de partir, mon mari, le marchand, m'a instamment demandé, de n'ouvrir ma

_____

1. Signifie frère, dans un contexte religieux.

104

porte à personne, et de refuser l'hospitalité à quiconque se présenterait devant la maison pendant son absence. Tu m'as dit que tu n'étais qu'un religieux, désintéressé des actes de ce monde, et c'est pour cette raison que je t'ai donné asile et ce, contrairement aux recommandations de mon époux. J'ai l'impression que tes pas t'ont guidé vers ma maison car tu as dû voir tout ce qui allait nous arriver. Mon mari, le marchand, est tombé gravement malade pendant son voyage et vient de revenir. Kouchola, s'il te plaît, viens avec moi auprès de lui, et prie pour que son état s'améliore. Je t'en serai infiniment reconnaissante.

L'ami du marchand, déguisé en religieux, avait du mal à contenir l'hilarité qui le gagnait intérieurement. La femme du marchand ne s'en douta pas, et ne vit que l'air sérieux et préoccupé de celui qu'elle prenait pour un véritable lama, quand il lui répondit :

– Ne t'en fais pas, grande sœur, je te suis et vais de ce pas m'occuper de ton époux.

Le religieux emboîta le pas à la femme du marchand et se rendit au chevet du malade. Lorsqu'il fut près de sa couche, il se pencha sur lui, scruta minutieusement son visage et lui demanda :

– A tsi ! Marchand ! N'y aurait-il pas quelques esprits qui te tourmenteraient et te nuiraient ? Je viens juste de faire d'horribles rêves à ce propos.

– C'est bien probable, Kouchola. Dis-moi, s'il te plaît, quels rêves tu as fait ? lui demanda péniblement le marchand, en continuant de jouer son rôle de malade.

Le religieux lui répondit :

– Je viens de faire un rêve dans lequel je me trouvais dans ta maison et je priais. Je regardais par la fenêtre quand, tout à coup, dans le ciel, apparut un nuage noir, énorme et menaçant. Ce présage m'a tellement effrayé que j'ai tenu à regarder ce nuage noir de plus près.

Le religieux regarda le couple, puis, comme inspiré, se tourna vers la peau de mouton qui séchait sur la porte et dit, en la montrant du doigt :

– Ce nuage était vraiment noir, d'un noir qui ne ressemblait pas du tout à cette peau de mouton qui sèche sur cette porte. Il était bien plus noir et plus opaque. Cela lui donnait un aspect vraiment très effrayant.

Le religieux regarda à nouveau le marchand qui gisait sur son lit :

– Puis, je me suis calmé et je me suis dit que ce nuage noir n'était peut-être pas de si mauvais augure. Mais il y avait autre chose… Dans mon rêve, j'ai vu des images que je n'ai pas su interpréter : un mouton tentant de sauter hors d'une casserole, des gouttières de maison, des gens ivres à force de boire du tchang… Toujours dans mon rêve, je me suis mis à penser que les gouttes d'eau qui tombent à l'intérieur de la maison sont pires que la pluie qui tombe à l'extérieur car on ne peut plus s'abriter. Je suis entré précipitamment dans la maison et j'ai regardé tout autour de moi pour voir s'il ne pleuvait pas, mais ce que j'ai vu était bien pire… J'ai aperçu l'immense tête noire d'un esprit malfaisant qui dépassait d'une grande malle en bois.

Le religieux se tut, et d'un air mélodramatique, se tourna lentement, puis pointa son doigt en direction de la malle en bois dans laquelle était enfermé l'amant de la maîtresse de maison.

Le marchand, qui faisait toujours semblant d'être malade, comprit les allusions de son ami, se leva avec beaucoup de difficultés et se dirigea vers la malle qu'il réussit à ouvrir, après plusieurs tentatives avortées.

Quand il parvint enfin à soulever le couvercle de la malle, le marchand y découvrit son voisin qui se cachait à l'intérieur.

Le sang du marchand ne fit qu'un tour, et celui-ci se mit à hurler :

— Si je ne te mets pas en pièces sur le champ, si je ne te réduis pas en bouillie immédiatement, je ne suis plus un homme.

Et il se précipita, comme un fou, dans un des coins de la pièce et s'empara d'un gros bâton.

En deux bonds, le marchand, qui n'était plus souffrant, fut à nouveau près de la malle et se mit à battre copieusement l'amant de sa femme. Le religieux attendit un petit moment, puis s'interposa :

— Marchand, cela n'arrangera en rien tes affaires de battre cet homme. Ne vaudrait-il pas mieux trouver la cause de cette fâcheuse situation ?

Le marchand hésita, fit encore pleuvoir quelques coups sur son voisin, puis répondit :

— C'est vrai ! Tu as raison. Je vais essayer de comprendre ce qui a poussé mon épouse à prendre un amant.

Le marchand s'assit sur un coussin et se mit à interroger son voisin et sa femme infidèle. Celle-ci prit la parole en pleurant :

— Mon mari, le marchand, tu es toujours à l'extérieur à faire tes affaires. Tu m'as apporté tout ce dont j'avais besoin, de la nourriture, des vêtements, une maison… Je n'ai pas eu à me plaindre, je n'ai eu aucune difficulté matérielle, mais depuis quelque temps, je n'arrivais plus à supporter cette vie de solitude qui me pesait de plus en plus. Pendant que tu me délaissais, lors tes nombreuses absences, pour combler ce vide effrayant qui grandissait en moi, j'ai sympathisé avec notre charmant voisin. Et là, il y a quelques jours, quand tu m'as annoncé, à nouveau, que tu repartais, alors que tu venais juste de revenir après plusieurs mois d'absence, j'ai décidé d'entamer une relation adultère avec lui. Je sais que ce n'est pas bien et que ce n'était pas la solution ! C'est pourquoi je te demande mille fois pardon.

Le voisin, quant à lui, répondit :

– Marchand, il est vrai que je suis ton voisin et j'ai commis l'acte négatif, honteux et hors norme de prendre ton épouse. J'ai conscience du mal que j'ai fait et c'est pourquoi je te prie de me pardonner. Comment peut-on battre un tambour sans jamais le toucher ? Je peux t'affirmer que plus jamais je n'oserai toucher ton épouse, je jure que jamais plus je ne recommencerai.

Après toute cette histoire, la femme du marchand et le voisin n'eurent plus jamais de relation ensemble, ils étaient tous deux trop honteux de leurs actes, et n'osèrent plus se regarder.

La femme et le marchand s'aimèrent encore plus qu'auparavant, car le mari changea de comportement.

Ils furent, tous deux, satisfaits de la tournure des événements.

Rassuré, le marchand put s'absenter à nouveau pour ses affaires… De temps en temps… Tout en étant bien plus présent qu'avant.

Sri-Lep, le démon

SI VOUS ÊTES intelligent et que vous possédez un esprit aussi stable qu'un lac de montagne, même si vous n'êtes pas très puissant physiquement, vous pouvez vaincre les plus grands dangers et être bien plus fort que tous les autres.

Autrefois, il y a très, très longtemps, le Tibet était infesté de toutes sortes de démons. Parmi eux, il y en avait un qui était extrêmement puissant et dangereux. Il était connu de toutes et de tous sous le nom de Sri-Lep.

Le démon Sri-Lep raffolait tout particulièrement de la chair tendre des enfants et des jeunes filles. Après avoir capturé ses proies, il les emmenait jusque dans sa caverne et, lorsqu'il estimait qu'elles étaient suffisamment tendres et dodues, il les dévorait.

Toutes les mères étaient terrifiées quand elles entendaient parler de lui, car c'était l'un des démons les plus puissants et les plus cruels. Pour beaucoup, il semblait invincible, et il fallait énormément de courage pour tenter de le défier.

Alors… En ce temps-là, de l'autre côté de la vallée, il y avait une vieille femme et sa fille qui vivaient dans une maison isolée, en bordure de forêt…

Cette femme avait pour habitude d'aller tous les jours, de très bonne heure, cueillir de la potentille. Lorsqu'elle apprit, par une de ses voisines que le démon était dans la région, elle retourna très vite dans sa maison et dit à sa fille :

— Je viens d'apprendre que le démon Sri-Lep est à nouveau dans notre vallée. Écoute-moi bien. À partir d'aujourd'hui, chaque matin, quand je partirai, tu devras fermer la porte d'entrée derrière moi, et celle-ci devra rester close jusqu'à mon retour. Même si quelqu'un vient et frappe, tu ne dois ouvrir la porte sous aucun prétexte. Je connais bien ce démon ; il est très malin. Si tu ne suis pas mes conseils, ma petite fille, tu pourrais bien le regretter.

La jeune fille fit tout ce que sa mère lui avait demandé et les journées passèrent tranquillement, sans l'ombre d'un problème. Mais un beau jour… En plein milieu de la matinée, quelqu'un, qui n'était autre que le démon, frappa à la porte.

La jeune fille, qui était seule à la maison, se méfia, colla son oreille à la porte d'entrée et demanda :

— Qui est là ?

— C'est moi, répondit une voix assez grave.

— Je ne vous connais pas ! Passez votre chemin. Je ne peux ouvrir la porte qu'à une seule personne : ma mère.

— Mais, c'est moi ! Je suis ta mère ! répondit le démon.

— Je ne vous crois pas ! Ma mère n'avait pas cette voix ce matin !

— Ma petite fille, j'ai pris froid en cueillant de la potentille.

— Donnez-moi des preuves et je vous ouvrirai. Introduisez votre main dans l'interstice de la porte et montrez-la moi.

Le démon fit comme lui avait demandé la jeune fille. Il introduisit sa main dans l'interstice, mais quand la jeune fille aperçut cette main, toute velue, elle recula, effrayée et s'écria :

— Vous mentez, vous n'êtes pas ma mère! La main de ma mère est très douce et la vôtre est poilue.

Le démon dit alors, en tentant d'adoucir sa voix :

— C'est vrai, tu as gagné. Laisse ta porte fermée, mais, s'il te plaît, donne-moi du feu et un peu d'huile.

Par l'interstice de la porte, la jeune fille donna au démon tout ce qu'il lui avait demandé.

Le démon s'éloigna un peu de la maison, brûla tous les poils qu'il avait sur la main, puis enduisit celle-ci d'huile. Peu de temps après, il frappa, à nouveau, à la porte de la maison et dit en déguisant sa voix :

— Ma petite fille, ta mère est de retour, ouvre-moi la porte.

La jeune fille, méfiante, lui répondit :

— Votre voix ne ressemble pas à celle de ma mère. Montrez-moi votre main par l'interstice de la porte.

Le démon présenta rapidement sa main à la jeune fille. Celle-ci, lorsqu'elle vit cette main toute douce, ouvrit joyeusement la porte d'entrée, sans se méfier. Et là… La petite se retrouva nez à nez avec le démon Sri-Lep !

Lorsqu'elle vit qu'elle s'était trompée, la jeune fille ne perdit pas un instant et se faufila entre les jambes du démon. Elle alla jusqu'à la grange, se réfugier sur un tas de poutres.

Le démon courut après elle et fouilla toute la grange. Il la chercha dans tous les coins, mais ne parvint pas à mettre la main sur elle :

– Cette fille s'est pourtant précipitée dans cette grange! Elle n'a pas pu s'envoler! Elle n'a pas pu rentrer sous terre! Il faut absolument que je fouille tous les alentours… Elle ne doit pas être bien loin et ne doit surtout pas m'échapper!

Le démon fit demi-tour, se dirigea vers la porte et se mit à péter.

La jeune fille qui l'observait, du haut de son tas de poutres, ne put s'empêcher de pouffer de rire. Sri-Lep s'arrêta net en entendant le gloussement, et se retourna en levant les yeux dans la direction de la petite.

Quand le démon l'aperçut, il eut un sourire cruel et se précipita sur le tas de poutres pour tenter, mais en vain, de l'attraper :

– Je me demande bien comment tu as pu monter sur ce tas de poutres. Si tu ne me dis pas la vérité, attends-toi à ce que je te découpe en un tas de morceaux sanguinolents, quand je t'aurais attrapée.

– J'ai grimpé jusqu'ici en empilant un tas d'aiguilles les unes sur les autres, répondit la jeune fille.

Le démon empila des aiguilles les unes sur les autres, mais ne parvint pas à grimper sur le tas de poutres :

– Je crois que tu t'es moquée de moi. Maintenant, dis-moi la vérité. Si tu ne me la dis pas, je te découperai vraiment en un tas de morceaux sanguinolents, lui dit à nouveau le démon.

– Mais c'est vrai! Je te dis la vérité! J'ai vraiment empilé des aiguilles les unes sur les autres, et j'ai réussi à grimper.

Le démon recommença à empiler des aiguilles les unes sur les autres, mais ne réussissait toujours pas à grimper sur le tas de poutres :

– Je te préviens, tu as intérêt à me dire la vérité. Si tu ne me la dis pas, je te découperai en menus morceaux sanguinolents, dit, à nouveau, le démon à la jeune fille, d'un air terrible.

– En fait, je crois que je me suis trompée. J'ai empilé des bols les uns sur les autres, et j'ai réussi à grimper.

Le démon fit comme elle lui avait dit, mais ne put toujours pas l'atteindre. Il essaya à nouveau de l'effrayer. Ce manège dura un certain temps jusqu'à ce qu'il parvint véritablement à la terroriser et qu'elle lui dise enfin la vérité :

– Je suis montée sur un gros tonneau posé sur un autre tonneau et ainsi de suite, dit la petite, terrifiée.

La jeune fille n'avait pas menti. Sri-Lep empila des tonneaux les uns sur les autres et put enfin l'atteindre. Il attrapa brutalement la jeune fille, et l'emporta sous son bras jusque dans sa caverne.

Le soir, quand la mère fut de retour, la maison était vide et sa fille avait disparu. Elle sut, immédiatement, que le démon l'avait emportée.

La mère prit rapidement une décision. Elle savait que plus vite elle agirait, plus elle aurait de chance de sauver la vie de sa petite fille. Elle remplit un sac de tchémar[1], puis s'en alla, à la poursuite du démon, pour délivrer sa fille avant qu'il ne la mange.

La femme pleurait et se lamentait en tentant de retrouver les traces laissées par le démon. Un corbeau, qui l'aperçut, lui demanda :

– Pourquoi pleures-tu et que cherches-tu ?

– Je suis à la recherche de ma fille enlevée par un démon, répondit la mère.

----

1. Gâteau à base de farine, de sucre et de beurre.

– Écoute, j'aimerais goûter un peu de ce tchémar, dont je sens la bonne odeur, puis si tu le permets, je t'aiderai à retrouver ta fille, lui dit le corbeau.

La mère lui donna un peu de tchémar et, comme promis, le corbeau l'accompagna. Ils s'en allèrent tous deux et rencontrèrent un renard qui leur dit :

– Où allez-vous tous les deux ?

– Ma fille a été enlevée par un démon. Nous partons, tous les deux, à sa recherche, lui répondit la mère.

Le renard leur dit, alors :

– Écoutez, j'aimerais goûter un peu de ce tchémar, dont je sens la bonne odeur, puis si vous le permettez, je vous aiderai à retrouver ta fille.

La mère lui donna un peu de tchémar et, comme promis, le renard les accompagna. Ils s'en allèrent tous les trois et rencontrèrent un loup qui leur dit :

– Que faites-vous tous les trois ?

– Ma fille a été emportée par un démon, nous partons, tous les trois, à sa recherche, lui répondit la mère.

Le loup leur proposa, alors :

– Écoutez, j'aimerais goûter un peu de ce tchémar, dont je sens la bonne odeur, puis si vous le permettez, je vous aiderai à retrouver ta fille.

La mère lui donna également un peu de tchémar et, comme promis, le loup les accompagna. Ils s'en allèrent donc, tous les quatre, à la recherche de la jeune fille.

Après quelques jours, ils réussirent à trouver la caverne où résidait le démon.

– Nous devons essayer de trouver un moyen de passer inaperçus, autrement nous servirons de dîner à Sri-Lep, dit le loup.

Ils discutèrent longtemps entre eux, puis se mirent d'accord. Selon leur plan, le loup devait courir devant la caverne, pour appâter le démon. Et c'est ce qu'il fit…

Et, lorsque le démon entendit le bruit qui faisait le loup à l'extérieur, il se précipita, furieux, hors de sa caverne pour voir qui avait l'outrecuidance de venir le déranger. Quand il aperçut le loup, gambadant de-ci, de-là, alléché par la perspective d'un dîner facile, il se mit à le poursuivre pour tenter de l'attraper.

Alors qu'il pourchassait le loup, le démon aperçut, à peu de distance de l'endroit où il se trouvait, un renard qui gisait, inerte, sur le sol. Le démon se dit que l'animal n'était plus en vie car un corbeau, probablement appâté par le corps du renard, tournoyait au-dessus de lui, en coassant, et attendait le bon moment pour aller dépecer son cadavre.

Le démon pensa alors: «Je tuerai le loup un peu plus tard. Si je ne me dépêche pas d'emporter ce maudit renard, le corbeau me le volera et cet alléchant repas me filera sous le nez.» Sri-Lep cessa donc de courir après le loup et se dirigea rapidement vers le renard.

Au moment de se pencher sur lui, le corps inerte de l'animal se mit à bouger. Soudain, le renard se leva. N'en croyant pas ses yeux, le démon s'immobilisa et regarda bêtement le renard qui s'éloignait doucement.

Tout à coup, le démon, comme s'il avait été piqué par une abeille, se ressaisit et se rua à la poursuite du renard, qui se sauva promptement, pour disparaître dans une forêt très dense. Le démon n'en continua pas moins sa course et disparut également dans la forêt.

Pendant ces événements, la mère et le loup pénétrèrent dans la caverne du démon. Ils regardèrent tout autour d'eux et aperçurent un sac, suspendu au-dessus du foyer qui était éteint.

Quelque chose de vivant gigotait à l'intérieur du sac. La mère s'approcha prudemment du foyer et entendit les cris de sa fille qui sortaient du sac suspendu.

La mère et le loup décrochèrent le sac et s'empressèrent de délivrer la jeune fille. Ils remplirent ensuite le sac de glace et d'épines et le remirent à sa place.

Quand le démon retourna à nouveau dans sa caverne, il fit un feu. La glace qui se trouvait dans le sac se mit à fondre et de grosses gouttes tombèrent sur le sol.

– Hé, la fille! Arrête tout de suite de faire pipi, cria le démon, très en colère.

Mais les gouttes continuèrent à tomber, de plus en plus nombreuses…

Furieux le démon se leva, empoigna le sac, le décrocha, mit sa main à l'intérieur, puis la retira vivement en hurlant. Il regarda d'un air ahuri sa main, qui était en sang. Le démon blêmit de rage et hurla!

– Alors là, c'est vraiment trop! Cette petite peste n'arrête pas de me griffer et de me mordre. Tu vas voir, maintenant, je vais vraiment te découper en gros morceaux sanguinolents!

Le démon prit le sac qu'il avait laissé tomber, l'ouvrit bien grand, regarda à l'intérieur et s'aperçut, à sa très grande surprise, que la jeune fille avait disparu.

– Oh, la, la! Je crois que ce misérable renard m'a joué un sacré tour. Il est véritablement en train de me rendre fou. Je suis sûr que tout est de sa faute. Je ne peux pas rester ainsi, les bras ballants, sans prendre ma revanche.

Le démon, rendu fou furieux par la perte de son repas, se précipita donc hors de sa caverne à la recherche du renard.

Peu de temps après, le renard aperçut, de loin, le démon courir comme un fou dans sa direction pour tenter de le rejoindre.

Quand il vit cela, le renard se dépêcha de se rendre au bord de la rivière, prit une grande quantité de sable et se mit à le nettoyer.

Quand le démon arriva près du renard, il le regarda méchamment et lui dit :

– Misérable renard, tu as totalement perturbé ma vie. Je suis sûr que c'est toi qui as volé la jeune fille qui se trouvait dans mon sac. Je pense qu'aujourd'hui est un très bon jour pour que je mette fin à ta vie.

– Là-bas, dans la montagne, un renard possède cent renards. Ici, dans la montagne, un renard possède cent renards. Il y a mille renardes. Moi, je suis celui qui n'a pas peur de nettoyer le sable, lui répondit le renard.

– Oh ! Je ne comprends pas ce que ça veut dire, mais puisque c'est comme ça, et que je veux comprendre, tu dois m'apprendre à nettoyer le sable, lui répondit le démon.

– Si tu veux apprendre à nettoyer le sable, tu dois d'abord te coucher ici, sur cette grosse pierre, puis ouvrir en grand ta bouche et écarquiller tes yeux, lui dit le renard.

Le démon fit ce que lui avait dit le renard, qui, après avoir ramassé une énorme quantité de sable, lui remplit la bouche, le nez et les yeux avec, et s'enfuit sans demander son reste.

Le renard se dirigea ensuite près d'un rocher où il campa et fit chauffer de la colle. Le lendemain matin, le démon, qui ne se fit pas attendre, apparut.

– Misérable renard ! Non content de me voler la jeune fille qui se trouvait dans mon sac et que je destinais à mon futur repas, tu m'as fait subir des choses atroces. Tu m'as rempli la bouche, les yeux et le nez avec une énorme quantité de sable et tu as essayé de me tuer. Si je ne te tue pas maintenant, je ne serai plus un démon digne de ce nom. Si je ne le fais pas, plus personne ne me craindra.

– Qu'est-ce que tu racontes ? Je ne te connais pas ! Làbas, dans la montagne, un renard possède cent renards. Ici, dans la montagne, un renard possède cent renards. Il y a mille renardes. Moi, je suis le renard qui se trouve près du rocher et que l'on appelle celui qui cuit de la colle.

– Ah, bon ! Je ne comprends pas ce que tu racontes, et puisque c'est comme ça, et que je veux comprendre, apprends-moi à faire de la colle, lui répondit le démon.

– D'accord ! lui dit le renard, pendant qu'il enduisait, d'une énorme quantité de colle, un rocher qui était très plat. D'abord, assieds-toi là-dessus et ferme les yeux.

Alors que le démon avait fermé les yeux et était tranquillement assis sur le rocher plat, enduit de colle, le renard s'empressa de lui badigeonner sa grosse face de glu et s'enfuit sans attendre son dû.

Le renard alla ensuite se poster sur le sommet d'un rocher et se mit tranquillement à tresser un filet fait de petites branches d'arbre.

Le lendemain matin, sans se faire attendre, le démon fit son apparition. Il était écorché vif, avait le visage ensanglanté et les fesses rouges.

– Misérable renard, tu m'as vraiment tout fait subir ! Tu as volé la jeune fille qui se trouvait dans mon sac et qui devait me servir de repas. Tu m'as rempli la bouche, les yeux et le nez d'une énorme quantité de sable et ensuite, tu m'as collé les fesses sur une pierre et mis de la glu sur le visage. C'est toi, et uniquement toi, qui m'as fait subir toutes ces tortures. Il ne me reste qu'une seule chose à faire : te tuer. Sur ces paroles, le démon Sri-Lep se précipita sur le renard qui l'arrêta d'un geste et lui dit :

– Noble et grand démon, ne fais pas un travail que tu ne pourras pas accomplir. Je ne te connais pas, tu dois te tromper de renard. Là-bas, dans la montagne, un renard possède cent renards. Ici, dans la montagne, un renard possède cent renards. Il y a mille renardes. Moi, je suis le renard qui se trouve sur le rocher et que l'on appelle celui qui tresse un filet.

Le démon le regarda perplexe :

– Ah, bon ! Je ne comprends pas ce que tu racontes, et puisque c'est comme ça, et que je veux comprendre, apprends-moi à tresser un filet, lui répondit le démon.

– Si tu désires apprendre, il faut que tu voies de très près comment l'on procède. Tu dois d'abord t'introduire à l'intérieur du filet que j'ai commencé à tresser, lui répondit le renard.

Le renard fit pénétrer le démon dans le filet. Alors qu'on ne lui voyait plus que la moitié de son corps, Srip-Lep, très obéissant, se mit à observer attentivement tous les gestes que faisait le renard.

Celui-ci se mit à tresser le filet en forme de sac, avec des mailles de plus en plus serrées. Bientôt, on ne vit plus que la tête du démon qui dépassait et peu de temps après, le renard réussit à finir son travail, sous l'œil toujours aussi attentif de Sri-Lep qui avait totalement disparu dans les mailles du filet.

Le renard fit ensuite rouler le filet jusqu'au bord du rocher sur lequel il se trouvait, puis le jeta brutalement dans le vide. Le filet, qui formait un sac dans lequel était emprisonné le démon, roula jusqu'en bas du rocher, tomba dans un grand fleuve et coula à pic.

Sri-Lep, qui n'avait toujours pas compris ce qui lui arrivait et qui ne supportait pas l'eau, ne put se dégager du filet dans lequel il se trouvait et mourut noyé.

Après toutes ces péripéties, la mère et sa fille, ainsi que tous les habitants de la vallée, purent vivre heureux et en bonne santé, sans avoir peur de rien, car ils étaient enfin débarrassés à tout jamais de Sri-Lep, le démon qui terrorisait depuis fort longtemps toute leur contrée.

« Le chef profère des mensonges,
le serviteur est accusé. »

Une femme noble

A UTREFOIS, dans une vallée un peu isolée, il y avait un bourg appelé Rin-Tchen[1]. La tradition populaire relate une anecdote qui eut lieu lors des cérémonies de passation de pouvoir entre un vieux gouverneur et son successeur, bien plus jeune que lui.

Lors de ces cérémonies, qui durèrent plusieurs jours, le gouverneur sortant et son successeur, ainsi que les représentants officiels des différents pouvoirs en place et leurs invités se retrouvèrent, à maintes reprises, réunis autour des différents repas.

Lors du banquet de la cérémonie d'ouverture, une énorme quantité de riz au yaourt avait été servie aux différents invités. Le plat était si bon et délicieux que la plupart des hôtes en redemandèrent. Même le vieux gouverneur, qui d'habitude ne mangeait pas plus qu'un moineau, voulut en reprendre. Lorsque ce dernier eut fini son assiette et se leva, tout le monde s'aperçut qu'un grain de riz était tombé dans sa barbe, mais personne n'osa lui en faire la remarque.

---

1. Rin-Tchen signifie tout à la fois précieux et grand. Ce mot est issu de la contraction de *rin-po*, précieux et *tchen-po*, grand.

Alors, l'un des moines qui le servaient, prit son courage à deux mains, vint près de lui et lui chuchota à l'oreille :

– Maître, dans la sombre forêt, un oiseau doré s'est posé.

Le vieux gouverneur qui était très fin et intelligent, comprit l'allusion. Il prit un mouchoir et nettoya sa barbe.

Toute l'assistance, autour d'eux, fut subjuguée par leur façon de communiquer et ne tarit pas d'éloge sur le vieux gouverneur et son jeune moine.

Le lendemain, lors du repas du soir, l'épouse du jeune gouverneur rit tant et si bien qu'elle ne put se retenir et fit un pet retentissant. Elle rougit légèrement, mais se comporta comme si de rien n'était et regarda sa servante avec un air de reproche. Elle avait l'intention de faire croire à toutes et à tous que celle qui avait pété était sa servante et non elle ; mais la jeune femme regarda sa maîtresse de haut et ne se sentit nullement concernée.

Après le repas, au moment d'aller se coucher, la femme du nouveau gouverneur retourna dans ses appartements en compagnie de sa jeune servante. Lorsqu'elles furent seules, elle l'interpella vivement :

– Je suis fort mécontente de toi. Tout à l'heure, au moment du repas, j'ai été bien embarrassée. Pourquoi n'as-tu pas fait comme si c'était toi qui avais pété ?

La jeune servante haussa les épaules et répondit à sa maîtresse :

– Veuillez m'excuser, je n'ai pas réagi à temps. Je m'en occuperai demain, vous pouvez compter sur moi !

Le lendemain, lors du repas du soir, la servante de la femme du nouveau gouverneur avança jusqu'au centre de la salle de réception, regarda tout le monde, rougit légèrement et prit la parole :

– J'aimerais m'excuser pour hier soir. Je suis vraiment désolée, mais le pet qui a été lâché par ma maîtresse, au cours du repas, n'a pas été fait par elle, mais par moi.

Après avoir entendu les paroles de la jeune femme, toutes les personnes présentes restèrent un instant sans voix, se regardèrent interloquées, puis éclatèrent d'un rire tonitruant.

« Toutes les forteresses qui ont été dressées
finissent par être détruites..
Tous les hommes qui sont nés finissent par mourir. »

Le roi Kyaga

IL ÉTAIT une fois, il y a très, très longtemps, un roi nommé Kyaga. Ce roi possédait une servante qui avait un fils un peu particulier. Un jour, le fils de la servante se réveilla au beau milieu de la nuit et appela sa mère :

— Maman, maman, viens près de moi, j'ai fait un drôle de rêve !

La mère se pencha sur son enfant, lui caressa le front et lui dit :

— Raconte-moi ce dont tu as rêvé, mon enfant.

— J'ai rêvé que je gouvernais le royaume de notre roi, le roi Kyaga. Mais, tout en rêvant je savais que je ne devais dévoiler ce songe à personne, car si le roi entendait parler de ce rêve, il chercherait à me punir. S'il te plaît, maman, n'en parle à personne. Promets-le moi, dit le jeune garçon en regardant sa mère droit dans les yeux.

La mère sourit à son fils et lui promit de ne rien dire, mais comme elle était très bavarde, elle savait qu'elle aurait beaucoup de mal à tenir sa langue et à garder le secret de son fils.

Quand la servante alla chercher de l'eau, les nombreuses jeunes femmes qui l'accompagnaient la regardèrent curieusement et lui demandèrent :

— Mère, tu souris bizarrement aujourd'hui, que se passe-t-il ?

— Je ne peux rien vous dire, les filles. Mon fils m'a demandé de me taire.

— Allez, mère, raconte-nous ce qui te met sur un petit nuage et te fait sourire ainsi. Nous te promettons de garder le secret.

— Écoutez, vous devez vraiment me promettre de ne rien dire, dit la mère du garçon, en regardant ses compagnes.

Les jeunes femmes autour de la servante acquiescèrent et se rapprochèrent d'elle.

— Voilà, pour tout vous dire, mon fils m'a appelée, en plein milieu de la nuit, et m'a raconté le rêve qu'il venait de faire.

— Et de quoi a-t-il rêvé ? demandèrent les jeunes femmes, dévorées par la curiosité.

— Mon fils a rêvé que, dans un futur plus ou moins proche, il gouvernait le royaume du roi Kyaga et deviendrait roi à sa place, dit-elle en regardant ses compagnes d'un air conspirateur. Voilà le rêve qu'il a fait la nuit dernière. Mais, n'oubliez pas, vous m'avez fait une promesse. Je vous demande de la tenir, et de ne surtout pas répéter ce que je viens de vous dire.

Les jeunes femmes, stupéfaites par la révélation qu'elles venaient d'entendre de la bouche de la servante, promirent de ne rien divulguer du rêve de son fils.

Elles discutèrent, un petit moment, entre elles, du rêve étrange du fils de la servante, puis se séparèrent ensuite rapidement pour aller vaquer à leurs occupations, après avoir renouvelé leur promesse de ne rien révéler.

Malgré le serment qu'elles avaient fait, certaines de ces jeunes femmes parlèrent au roi du rêve du fils de la servante. Celui-ci, très inquiet, fit appeler le jeune garçon, lui mit des bottes de fer et lui dit :

— Rêver de gouverner mon royaume est un crime. Je te condamne à quitter le pays. En punition, pour avoir osé rêver de gouverner le royaume à ma place, tu porteras ces bottes de fer et tu devras marcher avec, jusqu'à ce que les semelles soient usées. Tu ne pourras pas revenir ici avant.

Après avoir prononcé ces paroles, le roi jeta le jeune garçon hors de son royaume.

Le fils de la servante se mit à visiter bien des vallées. Après quelque temps, il arriva au bord d'un lac et retira ses bottes pour les regarder. À son grand désespoir, il vit que ses semelles étaient comme neuves. Elles n'étaient absolument pas usées !

Triste et découragé, le jeune garçon pensa qu'il ne reverrait plus jamais sa mère et ses amis, et se mit à regarder pensivement le lac qui présentait d'étranges rides à sa surface.

L'eau commençait à tourbillonner de plus en plus. Intrigué, le jeune garçon se mit debout pour mieux voir ce qui se passait. Il ignorait que le lac au bord duquel il se trouvait, servait d'habitation à deux Nagas[1], un Naga noir et un Naga blanc, qui se vouaient une haine farouche.

Soudain, le jeune garçon vit surgir, au centre d'immenses gerbes d'eau, les deux Nagas entrelacés qui se battaient férocement. Après un long moment, qui sembla

---

1. Un Naga est une divinité aquatique, qui se trouve dans les mers, les lacs et les rivières, et se présente sous l'aspect d'un serpent.

une éternité, le combat parut enfin cesser. En effet, le Naga noir avait pris le dessus sur le Naga blanc.

Le fils de la servante, qui assistait impuissant à toute la scène, lança de toutes ses forces une de ses bottes en fer, sur la tête du Naga noir qui fut tué sur le coup.

Le cadavre du Naga noir fut promptement attrapé par un vautour qui planait au-dessus de l'eau et attendait l'issue fatale du combat, alors que le Naga blanc, grièvement blessé, trouva refuge sous le chapeau du jeune garçon.

Avec le Naga blanc, bien à l'abri sous son chapeau, le jeune garçon resta immobile au bord du lac, sans savoir ce qu'il devait faire. Il observait l'eau depuis un petit moment lorsque sept cavaliers noirs sortirent du lac et l'interpellèrent :

— Nous sommes à la recherche d'un Naga noir, l'as-tu aperçu ? demandèrent-ils au jeune garçon.

— Oui, il a été emporté par un vautour, leur répondit le fils de la servante.

Les sept cavaliers noirs remercièrent le jeune garçon et s'en furent au galop.

Peu de temps après, venant du fond du lac, surgirent aussi sept cavaliers blancs :

— Petit, nous sommes à la recherche d'un Naga blanc, peux-tu nous dire si tu l'as vu ? Si c'est le cas, nous saurons nous montrer très généreux.

Le jeune garçon leur montra son chapeau et le Naga mourant :

— Est-ce bien lui que vous recherchez ?

Les sept cavaliers étaient très heureux de voir que le Naga blanc était encore en vie et le plus âgé d'entre eux dit au jeune garçon :

– Tu as été très bon avec ce Naga qui est le fils du roi des Nagas blancs. Veux-tu nous accompagner au pays des Nagas?

– Comment pourrais-je me rendre au pays des Nagas blancs? J'aimerais bien, mais je suis un être humain et je ne sais pas respirer sous l'eau. Je mourrai noyé, à coup sûr, lui répondit le jeune garçon.

– T'emmener au pays des Nagas blancs n'est pas un problème pour nous. Il te suffit de fermer les yeux, et de nous faire confiance.

Les cavaliers posèrent le jeune garçon sur un cheval et se dirigèrent au galop vers le centre du lac. Quelques instants plus tard, ils dirent au fils de la servante qui ne s'était rendu compte de rien:

– Tu peux, à nouveau, ouvrir les yeux, nous sommes arrivés!

Le jeune garçon ouvrit les yeux, comme le lui avait demandé les cavaliers, regarda autour de lui et constata qu'il était arrivé aux portes d'un merveilleux palais.

De magnifiques jeunes Nagas, garçons et filles, lui souhaitèrent la bienvenue et lui offrirent, à profusion, des fleurs, du lait, du sucre, du miel, des fruits et de nombreux autres aliments dont les Nagas se nourrissent et raffolent.

Ils se mirent également, pour lui rendre hommage, à jouer une musique très agréable sur des guitares et des violons, pour le plus grand plaisir du jeune garçon.

Les Nagas blancs semblaient passer la plupart de leur temps à s'amuser, à se détendre et à manger.

Pendant toute la durée de son séjour au pays des Nagas, le garçon avait pris pour habitude de verser un peu de nourriture et de boisson dans un trou, près de l'endroit où il vivait.

Un jour, il vit avec surprise une très vieille femme surgir du trou. Elle était étrange et avait la bouche fermée par un cadenas. Elle lui fit signe d'ouvrir le verrou et lui dit dès qu'elle put parler :

— Je te remercie pour tous les bienfaits dont tu m'as comblé. Depuis que tu es ici, tu m'as donné, tous les jours, des restes de nourriture et de boisson. Je suis la servante du roi des Nagas blancs. Comme j'avais la langue bien trop pendue, le roi a posé un verrou de fer sur ma bouche pour ne plus m'entendre. J'ai trois conseils à te donner car tu t'es montré très bon et compatissant avec moi. Tu as vraiment été d'une grande aide pour nous, les Nagas blancs. En tuant le fils du roi des Nagas noirs, tu as sauvé la vie du fils du roi des Nagas blancs. Cependant, si tu t'attardes trop longtemps dans notre pays, tu risques de ne plus jamais en repartir. Dès que tu le pourras, il te faudra t'en aller. Pour te remercier, les Nagas s'empresseront de t'offrir de nombreux joyaux. Je t'en conjure, ne les accepte pas ! Tu dois demander trois seuls présents : la chienne Trali, l'âne blanc Berka et la couverture en peau de yak que l'on appelle Tratchung.

Après avoir donné tous ces conseils, et remercié à nouveau son bienfaiteur, la vieille femme au cadenas sur la bouche disparut à nouveau dans son trou.

Le jour suivant, après avoir longuement réfléchi aux paroles de la vieille femme, le jeune garçon demanda à retourner dans son pays, le pays des hommes. Les Nagas auraient tous aimé qu'il reste encore un peu, mais il refusa de les écouter.

Au moment du départ, pour le remercier, les Nagas lui offrirent de nombreux joyaux, mais il les refusa. Surpris, ceux-ci lui demandèrent :

— Étant donné que tu n'acceptes aucun de ces présents et que nous tenons vraiment à te remercier pour avoir sauvé la vie du fils du roi des Nagas blancs, demande-nous tout ce que tu veux, et nous nous empresserons de te donner satisfaction.

Le jeune garçon demanda les trois présents dont lui avait parlé la vieille femme. Les Nagas, encore plus étonnés, répondirent:

— Ce que tu viens de demander sont les trésors les plus précieux que possède le peuple des Nagas blancs. Mais, comme tu as vraiment été compatissant et bon avec nous, nous ne pouvons refuser de te les offrir. Cela serait indigne de nous.

Après lui avoir remis la chienne, la couverture et l'âne, les Nagas lui firent traverser l'eau et le ramenèrent sur les bords du lac près duquel ils l'avaient trouvé. Ils le remercièrent encore pour l'aide qu'il leur avait apportée, repartirent au galop en direction du lac et disparurent.

Le jeune garçon, qui était, en fait, devenu un jeune homme, se trouva à nouveau seul. Il posa la couverture en peau de yak sur l'âne, et attacha, non loin de là, la chienne en lui demandant de garder le campement. Il partit ensuite se promener dans la montagne.

Le soleil s'était déjà couché quand il revint au campement. Quelle ne fut pas sa surprise de voir que la couverture et l'âne s'étaient transformés en une immense tente noire, aussi grosse qu'une montagne. Et attachée, près de la porte d'entrée, se trouvait la chienne Trali qui lui souhaita la bienvenue en remuant joyeusement la queue.

Tout en se demandant ce qui avait bien pu se passer, il pénétra à l'intérieur de la tente. Sa surprise alla en grandissant, car il y trouva, à profusion, d'énormes quantités de thé, d'orge, de beurre et de soie.

Au centre de la tente se trouvait un grand foyer où brûlait un feu. Le fils de la servante aperçut, suspendus au-dessus du foyer, un chaudron dans lequel mijotait un délicieux ragoût de viande, une casserole dans laquelle cuisait doucement de la potentille et un récipient qui contenait du thé bien chaud.

Le jeune homme avait beau regarder dans tous les coins, il ne voyait personne d'autre que lui dans la tente. Après avoir attendu un petit moment que quelqu'un fasse son apparition, il décida de partager son repas avec sa chienne, et se mit à manger et à boire ce qui avait mijoté au-dessus du feu.

Après avoir mangé et bu, le fils de la servante s'allongea sur une couverture bien chaude, et s'endormit rapidement, avec sa chienne qui, attentivement, veillait à ses côtés.

Le jeune homme se réveilla de bonne heure. Il aperçut, en se levant, des tonneaux et des récipients qui étaient à nouveau remplis d'eau, et un feu allumé dans le foyer. Il eut beau regarder dans tous les coins, il ne trouva toujours personne.

Après avoir mangé et bu, en partageant son repas avec sa chienne, il s'en fut, à nouveau, se promener dans la montagne. Quatre jours passèrent sans qu'il réussisse à apercevoir la personne qui le gâtait ainsi. Il ne cessait de se dire qu'il lui fallait absolument connaître celle qui lui préparait le thé et lui rapportait l'eau car il tenait, à tout prix, à la remercier.

Le cinquième jour, après avoir mangé et bu ce que la personne inconnue lui avait préparé, le jeune homme, qui fit semblant d'aller dans la montagne pour se promener, revint se cacher dans un coin obscur de la tente.

Au début, le fils de la servante ne perçut rien de bien particulier. Sa chienne se prélassait dehors, près de la porte d'entrée, tout en regardant au loin la direction qu'il avait prise. Puis, après un instant, l'animal, comme s'il était rassuré de se savoir seul, se leva, rentra sous la tente, quitta sa peau de chien et se transforma subitement en une splendide jeune femme.

La belle jeune femme se mit rapidement au travail et s'occupa de tout organiser à l'intérieur de la tente pour le retour du jeune homme. Puis, lorsque tout fut prêt, elle mit des petits barils sur son dos et s'en alla chercher de l'eau.

Quand le jeune homme fut sûr de se trouver seul, il sortit de sa cachette, se précipita sur la peau de chien et la jeta dans le feu qui la brûla et la consuma rapidement. Peu de temps après, la splendide jeune femme revint avec ses barils d'eau et fut consternée de le voir sous la tente, près du feu :

— Tu es rentré bien tôt, aujourd'hui, dit-elle en lui jetant un regard suspicieux.

Silencieusement, la jeune femme posa les barils à terre et se mit à chercher sa peau de chien qu'elle avait laissée sur le sol en partant. Comme elle ne la trouvait pas, elle se tourna vers le jeune homme et l'interrogea du regard.

— Quand je l'ai vue, j'ai préféré la jeter dans le feu et la brûler. Comme ça, nous pourrons rester pour toujours ensemble, répondit-il avec un grand sourire.

Les joues de la jeune femme s'empourprèrent, et elle lui répondit :

— Ce que tu as fait n'est vraiment pas bien. Tu aurais pu me demander mon avis. Mais, bon ! Ce n'est pas dramatique. Je te demande de récupérer la cendre de la peau brûlée et d'aller la répandre sur la montagne. Il te faudra dire les paroles suivantes: «Le sommet est plein de chevaux, le centre regorge de joyaux et les flancs sont recouverts de moutons…» Tu dois dire ces mots sans regarder, ne serait-ce qu'une seule fois, en arrière, et alors toute la montagne se transformera et produira des chevaux, des joyaux et des moutons.

Le fils de la servante fit comme elle lui avait dit et se garda bien de regarder en arrière. Après cela, ils vécurent heureux, tous les deux, pendant très longtemps. Mais un beau jour, le jeune homme eut une idée et dit à la splendide jeune femme:

– Maintenant que nous sommes heureux tous les deux, et que nous avons tout ce dont nous avons besoin, j'aimerais inviter le roi Kyaga.

La jeune femme ne voulait absolument pas inviter ce roi, mais il ne l'écouta pas et insista. Elle lui dit alors:

– J'accède à ta requête, mais quand le roi Kyaga sera là, ne me demande surtout pas de vous servir force thé, de tchang et nourriture, et tâche surtout de laisser la tente dans une certaine obscurité.

Le jour tant attendu par le jeune homme arriva enfin. Le fils de la servante rendit hommage au roi Kyaga et l'accueillit comme s'il était un invité des plus prestigieux.

Le roi, surpris et flatté par l'hospitalité du jeune homme, se confondit en compliments qui rendirent le fils de la servante très heureux et orgueilleux. Pour montrer sa puissance, celui-ci demanda à la splendide jeune femme de leur apporter, encore et encore, des boissons et des nourritures à profusion. Il ne se souvenait absolument pas des recommandations de sa compagne.

En jeune femme prudente qu'elle était, elle avait barbouillé tout son visage de charbon de bois, mais comme il faisait très chaud sous la tente, que celle-ci était bien éclairée, et qu'elle-même ne cessait de courir, dans tous les sens, pour faire plaisir au jeune homme, la sueur se mit à couler abondamment sur son beau visage, et le charbon de bois s'effaça, peu à peu.

Intrigué, le roi regardait de plus en plus souvent la jeune femme qui les servait. Quand il aperçut enfin son magnifique visage, il se demanda qui elle pouvait bien être. Il admirait tant cette jeune femme d'une beauté resplendissante qu'il dit au fils de la servante :

— Je suis subjugué par ta réussite. J'ai une demande à te faire.

— Demande-moi tout ce que tu voudras, je tâcherai de te satisfaire, répondit le jeune homme en souriant.

— Ma demande est très simple, j'aimerais, qu'en gage d'amitié, tu m'offres la jeune femme qui nous sert, et que je prendrai pour reine, répondit le roi Kyaga d'un air triomphant.

Le jeune homme, fort surpris, et contrarié par la demande du roi, refusa de lui céder sa jeune compagne :

— Demandez-moi tout ce que vous voudrez, mais cette jeune femme, je ne peux vous la céder.

Le roi insista et dit :

— Puisque tu refuses, et que je suis ton invité, je te défie dans un duel, dont nous réglerons les modalités demain matin. Celui qui l'emportera emportera aussi cette femme.

Le roi Kyaga partit furieux, et prêt à se battre pour obtenir la jeune femme.

Le lendemain matin, lorsque le garçon se retrouva devant le roi, celui-ci lui dit, en montrant du doigt une très haute montagne à l'horizon :

— Demain matin, au moment où le soleil se lèvera, nous devrons, tous deux, verser du yaourt du sommet de cette montagne, là-bas. Celui dont le yaourt arrivera le premier en bas de la montagne deviendra le propriétaire de la jeune femme que tu as traitée comme une servante, et dont moi, je ferai une reine.

Ce jour-là, le roi préleva sur l'ensemble de son peuple une taxe constituée d'une énorme quantité de yaourt.

Le jeune homme était fort confus et s'en alla voir, tout retourné, la jeune femme pour lui dire ce qu'avait décidé le roi Kyaga. Tristement, il raconta en détail ce qu'avait manigancé le monarque à sa compagne, qui lui répondit :

– Ne t'avais-je pas dit, plus d'une fois, de ne pas inviter ce roi ? Tu n'as pas voulu m'écouter et tu n'en as fait qu'à ta tête ! Maintenant, c'est encore moi qui dois te sortir d'embarras ! Écoute-moi bien maintenant. Tu vas aller au bord du lac et solliciter l'aide des Nagas blancs. Je t'expliquerai ce que tu devras leur demander.

Le jeune homme fit comme lui avait dit sa compagne. Il se posta tout de suite sur les bords du lac et cria à l'adresse des Nagas blancs :

– Très cher roi des Nagas blancs, j'ai là un immense sac de yaourt que je ne peux pas porter, et je n'ai pas le droit de l'échanger contre un petit sac. Je t'en supplie, donne-moi le sac de taille moyenne.

Il resta là, à dire ces mots, encore et encore, jusqu'au petit matin où soudain, un sac de taille moyenne surgit de l'eau et flotta jusqu'au bord du lac, aux pieds du jeune homme.

Celui-ci prit le cadeau des Nagas blancs, et l'emporta sur son dos jusqu'au sommet de la montagne.

Quand il arriva en haut de la montagne, le roi Kyaga était déjà là et avait commencé à verser tous ses sacs de yaourt, dont le contenu se trouvait déjà à mi-chemin.

Le jeune homme ouvrit à son tour son sac. Ce n'était pas le yaourt qui manquait! Celui-ci était aussi fluide que l'eau et coulait à la même vitesse. En un très court instant, le yaourt du jeune homme atteignit le bas de la montagne, bien avant celui du roi qui, furieux, lui dit:

– Je reconnais qu'aujourd'hui tu as remporté la victoire. Demain matin, au lever du soleil, je jetterai pour chacun de nous cent quinze mesures de graines de moutarde blanche sur le sol. Celui qui, de nous deux, parviendra le premier à ramasser sa part de graines repartira avec la fille.

Le jeune homme retourna sous sa tente en pleurant, et raconta tous les détails de l'histoire à la ravissante jeune femme qui lui dit, en le rassurant:

– Ne sois pas triste et ne t'inquiète pas; demain matin, avant l'épreuve, tu iras demander aux Nagas blancs de te remettre une boîte de taille moyenne.

Le jeune homme se posta à nouveau, de très bonne heure, sur les bords du lac et interpella les Nagas.

– Très grand roi des Nagas blancs, j'ai là une immense boîte que je ne peux pas porter, et je n'ai pas le droit de l'échanger contre une petite boîte. Je t'en supplie, donne-moi la boîte de taille moyenne.

Il réitéra sa demande à plusieurs reprises et, soudain, une boîte de taille moyenne surgit hors de l'eau et flotta jusqu'à ses pieds.

Très heureux d'avoir obtenu ce qu'il avait demandé, il emporta précieusement la boîte et s'en alla sur le chemin retrouver le roi qui l'attendait pour la deuxième épreuve.

Pendant qu'il marchait, il se demandait ce qu'il pouvait bien y avoir à l'intérieur de la boîte. La curiosité du jeune homme était tellement grande qu'il ne put s'empêcher de s'arrêter et de l'ouvrir.

La boîte était pleine de colombes qui, lorsqu'elles virent le couvercle ouvert, s'empressèrent de s'envoler à tire d'aile. En un instant, le jeune homme se retrouva avec une boîte presque vide. En effet, il ne restait plus qu'une seule colombe qui n'avait pas pu s'envoler car elle avait l'aile brisée.

Le jeune homme se mit à pleurer, mais se rendit tout de même sur le lieu de l'épreuve, avec la colombe, pour aller ramasser les graines de moutarde blanche que le roi avait éparpillées.

Kyaga était déjà sur place et avait convoqué tous ses sujets. Il leur faisait ramasser, une à une, les graines de moutarde, mais la colombe à l'aile brisée fut plus rapide qu'eux, et le jeune homme remporta à nouveau l'épreuve que lui avait imposée le roi.

Celui-ci ne sut dire d'autres paroles que : «A poh poh! A poh poh!» Puis sans rien ajouter, le monarque s'en fut rapidement, suivi de tous ses sujets.

Le jeune homme retourna chez lui et raconta toute l'histoire à la jeune femme qui lui dit :

– Il faut absolument que tu ailles demander la boîte de guerre des Nagas, celle qui est de taille moyenne. Dépêche-toi !

Le fils de la servante s'en alla très rapidement pour réclamer la boîte de guerre au roi des Nagas blancs. Après avoir demandé à plusieurs reprises, il obtint la boîte et, le jour suivant, la jeune femme et le jeune homme s'en allèrent se présenter au roi :

– Aimez-vous «A poh poh»? demandèrent-ils en chœur au roi Kyaga, lorsqu'ils furent devant lui.

Le roi, ne sachant pas qui était «A poh poh», répondit d'un ton qui se voulait très sûr :

– Absolument, j'aime beaucoup «A poh poh»!

La jeune femme entrouvrit la boîte qu'elle et le jeune homme avaient apportée. Soudain, d'innombrables petits hommes de fer, portant chacun une épée, en surgirent brutalement en hurlant :

– Qui devons-nous frapper ? Où devons-nous frapper ? demandèrent-ils tous d'une voix métallique.

Les deux jeunes gens répondirent ensemble :

– Frappez le cou du roi et égorgez-le sans aucune hésitation.

Les petits hommes de fer se précipitèrent sur le roi et le découpèrent en morceaux. Son sang coula à flots et inonda toute l'herbe alentour.

Après tous ces événements, comme cela avait été prédit dans son rêve d'enfant, le jeune homme devint roi à la place du roi Kyaga, et la jeune femme devint sa reine. Tous deux gouvernèrent le royaume avec beaucoup de sagesse et de perspicacité.

Toutes les mauvaises situations dans lesquels le jeune homme s'était retrouvé se sont transformées d'heureuse façon, grâce à la grande sagesse de la jeune femme qui devint sa compagne.

« Si on ne connaît pas
la mesure en mangeant et en buvant,
l'estomac commence au genou. »

Riz au yaourt

IL Y A TRÈS longtemps de cela, dans une vallée profonde et boisée, un noble avait une fille fort jolie et très gourmande. Elle adorait tous les mets sucrés et par-dessus tout, le riz au yaourt.

Un jour de printemps, un homme se rendit auprès du noble et lui proposa d'être son serviteur. Le noble, qui avait besoin de personnel, accepta de le prendre à son service, sans trop se demander s'il pouvait vraiment lui faire confiance.

Avant de se retirer, le nouveau serviteur dit au noble :

– Quand vous aurez besoin de mes services, appelez-moi par mon nom, qui est « Votresse ». C'est simple et facile à retenir, et je m'empresserai de vous servir.

Le nouveau serviteur se rendit ensuite auprès de la femme du noble, se présenta avec force courbettes et lui dit :

– Quand vous aurez besoin de mes services, Madame, appelez-moi par mon nom, qui est « Vossin ». C'est simple et facile à retenir et je m'empresserai de vous servir.

Puis il se présenta à leur fille et lui dit :

– Si vous avez besoin de mes services, ravissante Demoiselle, appelez-moi par mon nom, qui est « Rio Ya

141

Ourte». C'est simple et facile à retenir et je m'empresserai de vous servir.

Les journées passèrent sans que le serviteur se fît remarquer. Toute la maisonnée était contente de ses services.

Un soir, lors d'un dîner, la princesse mangea une plus grosse quantité de riz au yaourt que de coutume. Son père et sa mère lui firent de gros yeux et dirent :

– Ma fille, ne penses-tu pas que cela suffit ? Tu risques d'être vraiment malade à manger une aussi grosse quantité de riz au yaourt.

La jeune femme leur sourit, repoussa son assiette qu'elle venait juste de terminer et leur promit de ne plus se resservir.

Cette nuit-là, alors que tout le monde dormait, même le chien de la maison, le nouveau serviteur se leva sans se montrer, et se dirigea discrètement vers l'écurie. Il attacha des vieux bœufs à la place des chevaux et mit ceux-ci au pré, loin derrière l'écurie.

À l'endroit où se trouvaient habituellement les chiens, il mit des veaux, puis il remplaça par des bâtons les fusils qui se trouvaient dans la remise.

Il se rendit ensuite dans la cuisine et étala de la morve sur le foyer puis, sans faire de bruit, il pénétra dans la chambre de la fille de la maison. En la voyant aussi belle et sans défense, il se précipita sur elle, avec la ferme intention de la violer.

Celle-ci se réveilla brusquement, très effrayée, et s'écria en apercevant le serviteur sur elle :

– Papa, maman, au secours, Rio Ya Ourte est ici !

Le père et la mère se réveillèrent en sursaut. Ils entendirent leur fille parler de riz au yaourt et lui dirent en élevant la voix dans le couloir :

— Nous t'avons bien dit d'arrêter de manger tout ce riz au yaourt! Tu t'es empiffrée! Maintenant si tu es malade c'est de ta faute. Tu n'as qu'à t'en prendre à toi-même!

La jeune beauté leur répondit:

— Papa, maman, ce n'est pas ça, c'est Rio Ya Ourte, le serviteur qui est là, dans ma chambre, au secours!

Le père et la mère, tous deux très surpris et affolés, se précipitèrent dans la chambre de leur fille, mais il était trop tard. Ils eurent juste le temps d'apercevoir leur serviteur s'enfuir par la fenêtre, après avoir tenté de violer leur fille.

Le père hurla et réveilla toute la maisonnée. Il rassembla tous ses serviteurs et leur dit:

— Attrapez Votresse, dépêchez-vous bande d'endormis, attrapez Votresse!

Tous les serviteurs restèrent immobiles, s'emparèrent de leurs tresses, et se regardèrent les uns les autres, d'un air idiot.

Pendant que son mari rassemblait tous ses hommes, la maîtresse de maison regroupa ses servantes, et leur ordonna:

— Saisissez Vossin! Dépêchez-vous de saisir Vossin!

Toutes les servantes se regardèrent ahuries, et prirent leurs seins dans leurs mains, sans oser bouger.

Le père et la mère se regardèrent et dirent en cœur:

— Bande d'imbéciles! Vous devez attraper le serviteur qui vient d'arriver! Dépêchez-vous, bon sang!

Dans la maison, la confusion la plus totale régnait.

Dans son affolement, la mère se précipita dans la cuisine et posa ses mains sur le foyer. Lorsqu'elle vit ses mains pleines de morve, elle en fut toute dégoûtée et les secoua si vivement qu'elle les cogna contre le mur.

Sa douleur fut des plus vive et elle tenta de la calmer en mettant naturellement ses mains dans sa bouche. Plus que dégoûtée, elle se mit à vomir. Son mari qui arriva au même moment pour poursuivre le serviteur, glissa et retomba lourdement sur le sol et son vomi.

Les autres serviteurs, quant à eux, étaient déjà dans la remise et l'écurie. Dans l'obscurité, ils décrochèrent, en toute hâte, les fusils, puis se précipitèrent sur les chevaux qu'ils montèrent rapidement.

Au moment de se haranguer les uns les autres, et de poursuivre le serviteur qui avait tenté de violer la fille de leur maître, ils s'aperçurent qu'ils se trouvaient tous à cheval sur des vieux bœufs, un bâton ridicule à la main en guise de fusil.

Les servantes, quant à elles, s'étaient précipitées, dans la nuit noire, pour détacher les chiens Apso[1]. Mais étrangement, ceux-ci semblaient ne rien entendre des ordres émanant des jeunes femmes et refusaient de bouger.

Elles ne savaient que faire et étaient stupéfaites de voir ces chiens de garde, si redoutables, rester aussi placides et léthargiques. Intriguées, elles s'approchèrent d'eux et s'aperçurent que les animaux qu'elles avaient pris pour de gros chiens de garde n'étaient en fait que des petits veaux.

Et c'est ainsi que celui qui s'était appelé lui-même Votresse, Vossin et Rio Ya Ourte put s'enfuir sans la moindre crainte de représailles.

---

1. Sorte de gros chien de garde tibétain.

« Si tu laboures un pâturage,
tu obtiendras une turquoise. »

Le devin

L E CADAVRE de celui que l'on appelait autrefois Dorjé
prit la parole, et se mit à raconter une histoire qu'il
connaissait déjà depuis fort longtemps :

Dans une vallée très prospère, vivaient quelques
familles, et parmi elles, se trouvait un couple dont la
femme était très futée et travailleuse, mais dont le mari
était très différent. Celui-ci ne ressemblait absolument pas
à son épouse. Il restait toute la journée au lit, et passait le
plus clair de son temps à boire et à manger.

Un jour, lasse de le voir paresser toute la journée, la
femme dit à son mari :

– Il faut absolument que tu te lèves. Tu ne peux plus
continuer comme ça ! Je pars quelques heures pour aller
travailler dans les champs et pendant mon absence, essaie
de t'occuper… Cela serait bien si tu montais sur le toit et
si tu y jetais un coup d'œil. Je sens que tu vas trouver
quelque chose de très intéressant pour nous, là-haut !

Un groupe de nomades avait campé sur le toit pendant
quelque temps, et venait juste de partir. Peu après leur
départ, la femme était montée pour inspecter les lieux et y

avait caché, sans que son mari s'en doute, un énorme sac rempli de beurre.

En fin de matinée, intrigué par ce que lui avait dit sa femme, le mari consentit à se rendre sur le toit de la maison, et se mit à inspecter les lieux. Il aperçut, à l'endroit où s'étaient trouvés les nomades, un groupe de corbeaux qui semblaient se disputer de la nourriture.

En s'approchant d'eux, il découvrit, à son grand étonnement, un énorme sac rempli de beurre qu'il s'empressa de saisir et d'emporter dans la maison.

Le mari, fier de lui, mit le sac bien en vue sur une étagère de la pièce principale.

Le soir, lorsque la femme revint, elle vit le sac sur l'étagère. Elle fit semblant d'être surprise et demanda à son mari où il avait bien pu trouver un sac de beurre comme celui-ci.

Son mari lui répondit :

— Ce matin, en partant, tu m'as demandé de monter sur le toit et d'y jeter un coup d'œil, car tu sentais que j'allais y trouver quelque chose pour nous. Alors, j'ai suivi ton conseil, j'y suis allé et j'ai regardé. Et tu avais raison, là où avaient campé les nomades, j'ai trouvé ce sac de beurre.

La femme dit fièrement, en regardant son mari :

— Oh, quel homme tu fais ! Je suis vraiment très heureuse. Tu vois que c'est tout de même mieux que de rester couché ! Imagine ! Tu n'as fait qu'une seule chose, aller sur le toit, et dès la première fois, tu as déjà trouvé un sac comme celui-ci. Si tu agissais comme ça tous les jours, qui sait ce que tu pourrais obtenir ?

Les paroles de son épouse rendirent le mari très fier. Celui-ci lui dit alors :

– Tu as raison. Je pourrais tenter ma chance à l'extérieur. Prépare-moi, pour demain matin, un très bon cheval, une selle, une tchouba en poils de yak, un chapeau blanc et un bon chien, attaché à une chaîne de fer. Il faudrait que je puisse partir dès l'aube pour tenter ma chance.

La femme apporta à son mari tout ce qu'il avait demandé, et avant que le soleil soit levé, celui-ci mit le chapeau blanc et la tchouba, prit le chien par la laisse, monta sur le cheval et partit au galop.

Après avoir chevauché quelque temps, le mari arriva près d'un endroit dégagé. Il arrêta sa monture et regarda autour lui.

C'est à ce moment-là qu'il vit passer une renarde.

«On rencontre d'abord ce qui nous convient le mieux. Quand j'aurai réussi à tuer cet animal, sa peau nous donnera, à moi et à ma femme, deux chapeaux très jolis et très chauds, qui nous seront fort utiles pour l'hiver», se dit le mari en suivant des yeux la renarde qui s'enfuyait.

Ne perdant pas de temps, le mari se mit à pourchasser la renarde qui réussit à lui échapper et à se réfugier dans un terrier.

Lorsqu'il vit cela, l'homme descendit de son cheval, attacha son arc, ses flèches, ses chaussures ainsi que ses vêtements à la selle, et accrocha la chaîne du chien à la bride.

Il se dirigea ensuite, sans aucune sorte de vêtements, vers le terrier de la renarde. Il resta debout, un moment, à réfléchir, devant le refuge de l'animal, puis s'accroupit, comme inspiré.

L'homme, totalement nu devant le terrier, poussa son chapeau dans le trou dans lequel s'était introduite la renarde. Il souleva ensuite une grosse pierre qu'il posa tout près, s'assit dessus et attendit.

Pendant ce temps, à l'intérieur du terrier, la renarde observait attentivement le chapeau. Elle regarda ensuite autour d'elle, mais ne vit aucune autre voie que celle par laquelle elle était entrée. Elle finit par paniquer, sortit en trombe de son trou et s'enfuit, ventre à terre, avec le chapeau blanc du mari sur la tête.

Le chien vit la renarde passer sous son nez, et se mit à lui courir après. Il entraîna avec lui le cheval dont la bride était attachée à sa chaîne.

L'homme, toujours nu, se releva et regarda, impuissant, son chien et son cheval, courir brides abattues, en emportant ses vêtements, son arc et ses flèches. Il ne pouvait rien faire d'autre que gesticuler et appeler son cheval et son chien qui étaient déjà bien loin.

Après s'être retrouvé seul, dans le plus simple appareil, l'homme prit la décision de suivre le chemin qu'avaient emprunté sa monture et son chien, et se mit à marcher jusqu'à l'autre bout de la vallée dans laquelle il se trouvait.

Arrivé au bout de la vallée, le mari pénétra ensuite sur les terres d'un roi juste et bon. Il attendit la tombée de la nuit pour se rapprocher du château et se faufiler jusqu'aux écuries du roi.

Après s'être bien assuré qu'il n'y avait personne dans les parages, le mari pénétra dans les écuries, se dirigea vers la réserve de foin et se couvrit entièrement le corps et la tête de cette herbe sèche.

Si l'on regardait attentivement, on pouvait apercevoir ses yeux, mais à part cela, personne ne pouvait se douter, un seul instant, que sous le tas de foin se trouvait un être humain.

L'homme resta là un bon moment à attendre et à se demander comment il allait bien pouvoir se sortir de cette maudite situation. C'est à ce moment-là que la fille du roi, la plus jeune de toutes les princesses, passa près de l'endroit où il était caché.

La princesse était fort jolie et portait la grande layu[1] du roi autour du cou. Elle resta un petit moment dans l'écurie, puis rebroussa chemin sans s'apercevoir que la chaînette sur laquelle se trouvait la turquoise s'était rompue.

La jeune femme retourna allègrement au château, sans se douter le moins du monde qu'elle ne portait plus la pierre de protection de son père.

L'homme, caché sous le tas de foin, était resté immobile et avait tout observé. Au moment où il pensait pouvoir enfin sortir de sa cachette pour attraper la turquoise, une vache qui passait par là, laissa choir ses excréments sur la pierre de protection. L'animal ne semblait pas pressé de s'en aller et se mit à mâchouiller un peu de foin avant de repartir.

Prudent, l'homme resta encore un petit moment caché sous le tas de foin, et continua de regarder autour de lui.

Peu après le départ de l'animal, il vit une servante qui s'empara de la bouse de la vache et la colla sur l'un des murs de l'écurie afin de la faire sécher. Après avoir accompli son geste et balayé le foin sur les côtés, la servante repartit vers le château. L'homme, toujours caché sous le tas de foin, avait encore tout observé.

---

1. La layu est une turquoise spécialement conçue pour protéger une personne.

Le lendemain, après s'être aperçu de la disparition de la layu, le roi annonça que celui qui retrouverait sa turquoise de protection perdue par sa fille, la plus jeune des princesses, serait promu au rang de grand ministre.

Tous les devins, astrologues et voyants que le roi avait interrogés durant la matinée, ne purent mettre la main sur la turquoise.

Un ministre, que sa recherche avait conduit jusqu'aux écuries, aperçut l'homme qui était caché dans la grange, alors qu'il tentait de sortir de sa cachette :

– Qui es-tu ? lui demanda le ministre, en voyant l'inconnu.

L'homme répondit :

– Je viens d'une contrée voisine et j'ai perdu mon cheval, mon chien, ainsi que tous mes biens. C'est pour cela que je me suis caché sous ce tas de foin.

– Que cherches-tu ici, et que veux-tu de nous ?

– Je vous promets que si vous me donnez tout ce qui m'est indispensable et nécessaire, je saurai réaliser ce dont vous avez besoin.

– D'accord. Je te mets au défi. Nous allons voir quelles sont tes capacités. Le roi a perdu sa layu de protection. Les devins, astrologues et voyants n'ont pas réussi à retrouver cette précieuse turquoise, alors présente-toi devant notre monarque et montre-lui ce que tu sais faire, dit le ministre.

– Je ne peux pas me présenter devant ton roi car je n'ai pas de vêtement, lui répondit l'homme.

Le ministre demanda à l'homme caché dans le foin de l'attendre. Il partit voir le roi et lui dit :

– Il y a dans la grange, caché sous un tas de foin, un devin qui pourrait peut-être nous aider, mais il ne veut pas sortir de sa cachette car il ne porte pas de vêtement.

– Qu'attendez-vous ? Mettez-lui des habits et amenez-le ici, dit le roi.

L'homme reçut de nouveaux vêtements et fut amené devant le roi.

Alors qu'il se prosternait fort révérencieusement, le monarque lui demanda :

– Pour faire votre divination, de quoi avez-vous besoin ?

– Pour ma divination, j'ai besoin d'une grosse tête de cochon, de cinq drapeaux de différentes couleurs et d'une grande torma[1], répondit-il.

Après avoir obtenu ce qu'il avait demandé, l'homme fixa la tête du cochon sur un pieu, y accrocha les cinq drapeaux de couleurs différentes, puis planta le tout sur la grande torma. Il annonça qu'il commencerait ses recherches dès le lendemain matin.

Le lendemain, tout le peuple qui s'était réuni devant le palais du roi assista, curieux, à la cérémonie.

Après avoir dit quelques prières rituelles, l'homme s'empara de la tête de cochon qui se trouvait sur la torma et la pointa dans toutes les directions :

– Ce n'est pas là… Ce n'est pas ici… Pas par là non plus… Ah, c'est ici !

Toutes les personnes qui assistaient à la cérémonie avaient l'air impressionné.

L'homme pointa le pieu sur lequel se trouvait la tête de cochon vers l'assistance, regarda tout le monde droit dans les yeux, puis prit la parole :

---

1. Une torma est une sorte de gâteau sacrificiel, fait de beurre, d'eau et de farine, dont on se sert dans les rituels.

– Je suis sûr que la turquoise ne se trouve pas parmi les gens qui composent cette assemblée. Nous devons tous continuer à chercher.

L'homme franchit l'enceinte du château et pointa la tête de cochon dans toutes les directions, vers l'extérieur. Il fut très minutieux et aucune direction ne lui échappa.

Le roi, ses ministres et l'assemblée suivirent le devin et arrivèrent finalement près des écuries. À l'intérieur, ils se dirigèrent vers le mur où la servante avait collé la bouse qui contenait la turquoise de protection.

L'homme pointa la tête de cochon sur le mur sur lequel se trouvait la bouse, se concentra intensément, puis se rapprocha de la bouse ainsi que l'assemblée qui se trouvait avec lui.

Après s'être approchée de la bouse, mue par la curiosité, l'assemblée fit une mine dégoûtée et recula de quelques pas, l'air offusqué, en entendant les paroles du devin :

– La turquoise de la princesse est là, dit le devin en s'emparant de la bouse et en regardant le roi.

L'homme brisa la bouse qui avait déjà commencé à sécher et, au plus grand étonnement de tous les témoins, la pierre de protection apparut aux yeux de tous.

Tout le monde fut ébahi et se mit à croire aveuglément aux dons de voyance de l'homme qui portait la tête de cochon. Celui-ci avait enfin réussi à retrouver la turquoise de protection du roi, alors que tous autres devins, astrologues et voyants avaient échoué.

– Vous êtes vraiment un très grand devin, s'exclamèrent, émerveillés, tous les gens tout autour de l'homme tenant la bouse séchée dans les mains.

Ravi d'avoir récupéré sa pierre de protection, le roi invita le devin dans son château et donna une grande fête en son honneur. Le roi le nomma officiellement «le Devin à la Tête de Cochon», puis lui demanda ensuite:

– De quoi as-tu besoin?

Comme il avait perdu son cheval, son chien et ses affaires personnelles, auxquels il était fort attaché, l'homme répondit poliment au roi:

– Donnez-moi s'il vous plaît un cheval avec une selle, un chapeau blanc, une tchouba en peau de yak, un chien attaché à une chaîne de fer, un arc, des flèches et une renarde.

– Le devin est un homme honnête, dit le roi en regardant ses ministres. Vous pouvez aller préparer ce qu'il a demandé.

Peu de temps après, le devin reçut, comme il avait demandé, un cheval, un chien attaché à une chaîne, une tchouba en peau de yak, un chapeau blanc, un arc, des flèches et une renarde. En plus de tous ces cadeaux, le roi lui donna un taureau et une vache chargés de viande et de beurre. Après la cérémonie qui dura toute la journée, le Devin à la Tête de Cochon retourna dans son pays.

Lorsqu'elle le vit arriver de loin, sa femme remplit un bol de tchang et l'accueillit en souriant et en lui offrant la boisson.

Elle regarda, l'air très heureux, les charges de beurre et de viande qui se trouvaient sur les animaux de bât et dit en pénétrant dans la maison:

– Oh, quel homme tu fais! C'est vraiment magnifique d'avoir pu apporter toutes ces choses. Je suis très fière de toi.

Cette nuit-là, lorsqu'ils se trouvèrent dans leur lit, elle lui demanda:

– Dis-moi comment tu as fait pour obtenir toute cette viande et tout ce beurre.

Il la prit dans ses bras et lui raconta en détail toute l'histoire. Après l'avoir écouté en silence, sa femme lui dit :

– Tu es inconscient ! Ces cadeaux, donnés pour avoir retrouvé la turquoise de protection du roi, sont bien trop insignifiants. Demain, je partirai de bonne heure et j'irai apporter une lettre, de ta part, au roi.

Deux jours après, quand elle fut devant le trône, elle prit la lettre et se mit à la lire au roi, à haute et intelligible voix :

– Il y a peu, le roi de ce pays eut un gros ennui. La plus jeune de ses filles égara sa turquoise de protection, qui demeura introuvable toute une journée. Après avoir remué ciel et terre, il s'adressa à moi pour que je lui retrouve sa précieuse pierre. Je réussis à retrouver la layu tant convoitée, mais les cadeaux que j'ai reçus, en remerciement, font pâle figure. C'est pourquoi je vous demanderais de me donner, dès aujourd'hui, des présents dignes de ce nom et qui me satisfassent.

La femme du devin se tut, garda la tête baissée, et présenta la lettre au roi. Celui-ci prit la missive et répondit à la femme :

– Bien sûr ! C'est tout à fait vrai. Comment ai-je pu donner aussi peu à l'homme qui m'a aidé à retrouver une turquoise si précieuse ? Le roi donna aussitôt à la femme tout ce qu'elle lui demandait.

Par la suite, le devin et sa femme vécurent très heureux en savourant tous les bienfaits dont les avait comblés le monarque.

Très, très loin de là, dans un autre royaume, vivaient sept princes. Un jour, les sept frères partirent, tous ensemble, en promenade dans une grande et profonde forêt. Ils aperçurent une fille aussi belle qu'une déesse en compagnie d'un jeune dzopo[1].

– Qu'est-ce que vous faites là tous les deux? Et d'où venez-vous? demandèrent-ils en cœur.

La jeune femme qui était d'une beauté éblouissante, les regarda et leur répondit:

– Je suis la fille du roi Patchen. J'ai aperçu de loin ce dzopo, je l'ai suivi et je suis arrivée dans cet endroit.

Les garçons se concertèrent un instant et lui demandèrent:

– Nous sommes sept frères et nous n'avons pas de reine. Aimerais-tu devenir notre épouse?

La jeune femme sourit et accepta leur proposition, mais les sept frères étaient loin de se douter que la fille du roi Patchen et le dzopo n'étaient autres qu'un couple de démons malfaisants qui, pour pouvoir continuer à commettre leurs forfaits et à tuer des gens en toute tranquillité, avaient décidé de changer d'apparence. Le démon s'était transformé en un dzopo et la démone en une magnifique princesse.

Après les avoir épousés, la princesse tua chaque année, le jour du Losar[2], l'un de ses sept maris. À la fin, il ne lui restait plus qu'un seul époux, le plus jeune des sept frères.

Le Losar approchait et le dernier prince était très malade. Allongé dans son lit, sous une épaisse couverture

---

1. Le dzopo est un croisement mâle entre un yak et une vache.
2. Nouvelle année tibétaine qui se situe en général en février, et a lieu le premier jour du premier mois tibétain.

de laine, il se trouvait à l'article de la mort. La pièce dans laquelle il dormait était pleine de ministres inquiets qui discutaient entre eux :

– Nous avons tout essayé. Les six princes ont bénéficié de tous les traitements médicaux possibles. En vain ! Aucun n'a survécu. N'y aurait-il pas un remède efficace pour notre dernier prince ? On raconte que, par-delà les deux collines, il existe un homme nommé le Devin à la Tête de Cochon. Il saurait, sans aucun doute, nous dire le mal dont est affligé notre bon prince. Nous devons absolument lui demander de venir.

Quatre ministres décidèrent donc de se rendre à l'endroit où vivait le Devin à la Tête de Cochon. Lorsqu'ils le rencontrèrent, ils racontèrent tout ce qui était arrivé à leurs sept princes et lui demandèrent son aide. Le devin leur répondit :

– Je vais tâcher de vous aider. Cette nuit, je vais commencer par observer mes rêves et demain je vous raconterai mes premières impressions.

Cette nuit-là, il discuta de toute cette histoire avec sa femme qui lui dit :

– Jusqu'à maintenant, tout allait très bien pour nous et c'était bien mieux que par le passé. Continuons comme ça, et cela sera parfait.

Le lendemain matin, il raconta aux ministres qui l'attendaient impatiemment, qu'il eut un très bon rêve et qu'il avait décidé de partir le jour même avec eux.

Il monta sur son cheval, mit une tchouba, attacha ses cheveux bouclés en un chignon, prit dans sa main gauche un rosaire, et dans sa main droite un pieu sur lequel était plantée la tête de cochon entourée des cinq drapeaux de couleurs différentes.

Quelques heures plus tard, il arriva au palais du prince en compagnie des quatre ministres.

Le couple de démons qui assistait à l'arrivée du Devin à la Tête de Cochon était très effrayé par sa venue et se disait que celui-ci allait certainement faire des prophéties et risquait fort de les démasquer.

Le Devin à la Tête de Cochon, accompagné des quatre ministres, se rendit immédiatement au chevet du prince souffrant et se mit à préparer une immense torma, bien plus haute qu'un homme.

La reine, qui était en réalité un démon, avait épargné la vie du dernier prince par peur d'être dévoilée. Elle ne se sentait pas très bien à la vue de la torma et préféra aller se réfugier dans un coin sombre du château. Elle disparut de la vue de tous pendant de nombreux jours.

Le devin passait son temps au chevet du prince, et la maladie qui avait envahi le corps du roi s'en alla peu à peu.

Mais un beau jour, la maladie revint en force. Le Devin à la Tête de Cochon fut très surpris. Ne sachant pas quoi faire, il repoussa la torma contre le mur, s'agenouilla, effleura l'épaule du prince et l'appela doucement :

– Oh, mon prince, vous m'entendez ? Mon prince, vous m'entendez ?

Le prince ne l'entendit pas et ne put lui répondre.

Soudain, la Tête de Cochon, qui se trouvait sur la torma, s'anima, fit un énorme bond et s'enfuit par l'une des portes de la chambre.

La tête parvint jusqu'à la maison d'un lama dont le serviteur s'écria en la voyant :

– Au voleur, au voleur !

Le serviteur essaya, en vain, d'attraper la tête de cochon qui réussit à s'enfuir et à entrer dans une cuisine. Surpris et effrayé, le cuisinier s'écria :

– Au voleur, au voleur !

Le cuisinier essaya, à son tour, d'attraper la tête qui ne savait pas où aller, mais qui parvint tout de même à lui échapper et à disparaître.

Le soir venu, la tête qui avait miraculeusement pris vie, se retrouva dans un coin sombre de la cour. Elle sauta sur un mur et se laissa choir sur le dos du dzopo qui dormait à cet endroit. L'animal se réveilla soudain très effrayé et fit un bond de côté. La tête de cochon profita de son désarroi, sauta à nouveau sur le dzopo, lui saisit brutalement les cornes et les secoua à trois reprises.

Il y eut une étincelle aveuglante. La tête de cochon retomba inerte sur le sol et le dzopo disparut totalement. À l'endroit où il s'était trouvé, il ne restait plus qu'un nuage de fumée qui commençait à se diriger tranquillement vers les appartements de la reine.

Caché par l'obscurité, le devin qui était sorti pour observer les étoiles assista à toute la scène et entendit tout ce que se disaient les deux démons qui s'étaient transformés, l'un et l'autre, en fumée :

– Le devin est venu me voir, il y a quelques heures, et a mis par trois fois, sur ma tête, son instrument très lourd, fait d'un pieu et d'une tête de cochon à cinq drapeaux. Quand il a fait cela, je me suis soudain endormi. Je suis sûr qu'il sait que je me cache sous la peau de ce dzopo et que je dors contre ce mur. C'est toi qui m'as sorti de ma léthargie. Qu'allons-nous faire maintenant ? Que proposes-tu ?

La voix de la reine, qui était aussi un démon, répondit :

– Je suppose que moi aussi, il m'a reconnue. Je n'ose pas trop m'approcher de lui. Invisible, je me suis rendue dans la chambre du prince pour voir comment il allait. Mais le prince s'est senti mal et quand le devin s'est penché sur lui, j'ai pris peur et je me suis enfuie en me glissant dans la tête de cochon. Quand le jour se lèvera, je pense que le devin ira nous dénoncer.

– Tu es sûre de ce que tu dis?

– Tout à fait sûre! Il ordonnera, d'une voix très forte, à tous ses ministres: "Amenez-moi la reine et le dzopo", et nous dira: "Enlevez vos peaux et montrez votre véritable apparence." Et nous n'aurons pas d'autre choix que celui d'obéir. Après avoir enlevé nos peaux, ils nous tueront en nous transperçant de flèches, de coups d'épées et de lances, puis ils nous jetteront dans un feu. Je ne vois vraiment pas comment il pourrait en être autrement!»

Le devin qui avait tout entendu, pensa: «Oh, tout cela est parfait et fait bien mon affaire.» Il se rendit à nouveau au chevet du roi, remit sur la torma la tête de cochon que lui avait apportée un serviteur, et dit à tout le monde qu'il avait terminé ses prières. Il s'adressa ensuite au prince:

– Comment vous sentez-vous, Votre Majesté?

– Depuis que vous avez eu la gentillesse de venir à mon chevet, mes souffrances se sont peu à peu dissipées, répondit le prince.

Le devin poursuivit:

– Vous devez demander à vos ministres de rassembler tout votre peuple devant le château, pour demain matin. Il faut que tous les hommes apportent des armes et que toutes les femmes apportent du bois.

Le prince ordonna à ses ministres de faire ce que lui avait conseillé le devin.

Le lendemain matin, le Devin à Tête de Cochon s'adressa à tout le peuple réuni sur la place devant le château :

– Amenez-moi le dzopo qui se trouve près du mur, et faites deux tas avec le bois que vous avez apporté. Vous, les hommes, prenez vos arcs, vos flèches et toutes vos autres armes et mettez-vous en cercle.

Lorsque le dzopo fut amené devant lui, il ajouta :

– Mettez ma selle sur cet animal !

Quand celui-ci fut harnaché, le devin grimpa sur son dos et se mit à le fouetter avec la tête de cochon. Il fit le tour de la place devant le château, ordonna au dzopo d'enlever sa peau, et lui frappa la tête avec son pieu.

Après avoir entendu les ordres du devin, le dzopo s'était soudain transformé en un démon très effrayant. La chair de son torse était toute plissée, ses yeux étaient injectés de sang et des canines énormes avaient poussé. Après un instant de stupéfaction, les hommes se ruèrent sur le démon et le transpercèrent de leurs flèches, de leurs épées et de leurs lances. Ils le mirent en pièces en un instant et le jetèrent sur le bûcher.

– Maintenant, amenez-moi la reine, dit le devin aux ministres.

La reine parut, escortée de quatre ministres. Elle pleurait abondamment. La foule, autour d'elle, se tut et attendit. Le devin s'approcha de la reine et la frappa avec la tête de cochon, puis lui dit :

– Je t'ordonne d'enlever ta peau !

La reine se métamorphosa. Elle devint très lourde, ses seins lui descendirent jusqu'aux genoux, de longues et énormes canines lui poussèrent et ses yeux s'injectèrent de sang. Elle se transforma en une créature monstrueuse. Elle fut tuée, transpercée, comme le dzopo, de toutes sortes d'armes, et sa dépouille finit brûlée sur le bûcher.

Le devin monta à cheval et se dirigea ensuite vers le château. Tout le long du chemin qui y menait, les gens pleurèrent à chaudes larmes et se prosternèrent devant lui. Ils semblèrent tous lui vouer une foi absolue. Ils lui jetèrent des grains d'orge, demandèrent sa bénédiction, et comme ils ne voulaient pas le laisser repartir, il fut obligé de rester un jour de plus.

Le devin se présenta au prince qui, très heureux et reconnaissant, lui demanda :

– Je veux te remercier pour ce que tu as fait. Que pourrais-je bien t'offrir ?

– Les anneaux que l'on met dans le nez du bétail sont très rares dans mon pays. Je vous demanderais cela et rien d'autre que cela, répondit le devin.

Et il en fut ainsi, selon le souhait du devin, qui reçut une grande quantité d'anneaux ainsi que des vaches et de bœufs chargés de viande et de beurre. Le devin repartit, le lendemain, vers son pays avec tous les présents qui lui avaient été offerts.

Quand il arriva près de chez lui, sa femme qui l'aperçut, remplit un bol avec du tchang et sortit lui souhaiter la bienvenue. Elle jeta un œil sur les charges que portait le bétail et s'écria avec un large sourire :

– Quel homme ! puis elle rentra chez elle en compagnie de son mari.

Cette nuit-là, bien au chaud dans leur lit, ils bavardèrent :

– Qu'as-tu fait pour recevoir tout cela ?

– J'ai obtenu toutes ces choses car j'ai guéri le prince, rendu très malade par un couple de démons qui a fini brûlé sur un bûcher, lui répondit le devin.

Le devin raconta en détail toute l'histoire à son épouse qui lui répondit :

– Quel nigaud tu fais ! Tu as fait tout ce travail et tu n'as obtenu que ces anneaux et un peu de bétail ! Demain, c'est décidé, je me rendrai auprès de ce prince.

Trois jours après, lorsque la femme du devin fut devant le prince, elle lui lut une lettre, censée avoir été écrite par son mari :

– Pour vous avoir apporté la guérison, je ne vous ai demandé que des anneaux pour le bétail. J'aimerais maintenant que vous accomplissiez tous mes désirs, sans permettre que je reparte avec seulement ce que vous m'aviez donné.

Après sa lecture, l'épouse du devin tendit la missive au prince tout en gardant la tête baissée.

Le prince lui répondit :

– Ce qui est dans la lettre est tout à fait vrai. Va me chercher le devin, ton époux, et revenez me voir tous les deux.

Elle alla chercher son mari, et quand tous deux se présentèrent à nouveau devant le prince, celui-ci les accueillit chaleureusement :

– Tout ce que tu as fait est parfait et je te donne tous ces trésors sans compter, dit le prince au devin en lui montrant, d'un geste de la main, toutes les richesses qu'il comptait lui offrir.

Puis il ajouta :

– Mais je pense que ce n'est pas assez. Grâce à ta perspicacité et ta bonté, je ne suis pas mort, le royaume ne s'est pas effondré, et aucun de mes ministres n'a été dévoré par les deux démons. Pour toutes ces raisons, je décide que nous devons gouverner, tous les deux, ce royaume. De plus, comme ton épouse est également très intelligente et qu'il n'y a aucune différence entre nous, elle deviendra notre reine.

Le roi à qui le cadavre racontait toute cette histoire, s'écria :
– Oh, comme ce couple est heureux !
Ces mots lui avaient échappé, et au moment même où ces paroles furent prononcées, le cadavre qui s'appelait auparavant Dorjé s'envola, à nouveau, vers le ciel.

« Les motifs des animaux sont à l'extérieur,
ceux des humains sont à l'intérieur. »

Le défi

IL Y A TRÈS longtemps, dans une vallée profonde et fertile, entourée de forêts, vivaient un chasseur et son fils. Le fils suivait son père, à la chasse, depuis qu'il était enfant et avait tout appris de lui. Au fur et à mesure des années, il était même devenu plus adroit.

À l'âge où il devenait un homme, le fils avait acquis tous les attributs des animaux qu'il chassait avec son arc et ses flèches. Il était rusé et rapide comme un léopard des neiges et fort et puissant comme un cerf des montagnes.

Les hommes de la vallée l'admiraient pour son adresse et les femmes pour sa force et sa beauté.

Comme tous les jours, le jeune homme s'était caché près d'un point d'eau où les animaux avaient l'habitude de s'abreuver. Il observait les allées et venues prudentes des animaux. Soudain, une jeune femme portant un seau et une couronne de fleurs blanches tressées dans les cheveux fit son apparition et s'approcha de l'eau.

Intrigué, le jeune homme sortit de sa cachette. Entendant le bruit qu'il fit, la jeune femme s'arrêta et regarda en direction du fils du chasseur. Rassurée de voir que ce n'était pas un animal sauvage, elle se pencha sur l'eau et se mit à remplir son seau.

Après l'avoir rempli, la jeune femme se releva et regarda le fils du chasseur. Celui-ci lui sourit, banda son arc et tira une flèche qui vint se ficher sur le sol, juste devant ses pieds.

La jeune femme se pencha pour ramasser la flèche puis, fort mécontente, regarda à nouveau le jeune homme et dit :

– Tu n'as rien trouvé de mieux à faire que d'effrayer ceux qui viennent chercher de l'eau ? Tu es bien le fils du chasseur de la vallée ? Ton père est bien plus fort que toi. Je parie que tu ne pourrais pas monter le cheval à huit sabots qu'il possède et qu'il monte depuis très longtemps. Si tu savais le monter, tu pourrais au moins te vanter d'avoir accompli un bel exploit !

Après avoir dit ces mots, la jeune femme prit son seau et s'en alla sans plus lui porter la moindre attention. Le fils du chasseur, piqué au vif par les paroles de la jeune femme, la suivit du regard jusqu'à ce qu'elle eût disparu au loin.

Le soir venu, le fils demanda à son père, le chasseur :

– Père, tu ne m'as jamais parlé de ton cheval à huit sabots. J'aimerais le monter. Tout le monde dit que tu es le seul à savoir le monter et que moi je n'y arriverais jamais.

– Comment as-tu eu connaissance de l'existence du cheval à huit sabots ? Qui t'en a parlé ? demanda le père, inquiet.

– J'ai simplement entendu dire que tu possédais un cheval à huit sabots. J'ai été surpris de n'en avoir jamais entendu parler, lui répondit le fils en bougonnant.

– Je n'ai jamais voulu t'en parler car il est trop dangereux de le monter. Et toi, maintenant, sous le prétexte d'en avoir entendu parler, tu viens me demander de le monter !

– Je vais être la risée de tous les gens de la vallée si je ne le monte pas. Ils diront tous que je suis un lâche. Je ne te comprends pas! Toi, qui d'habitude, es si fier de moi! Franchement, si toi, tu as réussi à le monter, je ne vois pas pourquoi je ne pourrais pas y arriver?

– Tu es mon fils et je connais tes qualités et tes défauts mieux que quiconque. Je connais également les gens de cette vallée, dit le père préoccupé, mais monter un cheval de cette trempe est bien trop dangereux. Tu vas y laisser ta vie.

– Mais tu l'as bien monté toi, ce cheval?

– Oui, mais il y a de nombreuses années que j'ai abandonné.

Le fils passa la nuit à essayer de convaincre son père de lui dire où il pouvait trouver le cheval à huit sabots. De guerre lasse, le chasseur finit par accéder à la demande de son fils:

– Écoute-moi, attentivement, dit le chasseur à son fils d'un air triste et résigné. Tout au fond de la vallée, près de la maison du lama, il y a un petit chemin qui mène au pays des trois montagnes. Tu devras aller dans cette direction et il te faudra passer les deux premiers cols. Tu arriveras ensuite près de la troisième montagne, nommée le mont Vishnu, au sommet de laquelle tu trouveras un point d'eau appelé la source du Naga[1] noir. Le cheval à huit sabots aime particulièrement ce point d'eau qui sert de demeure à ce Naga. En général, il reste à proximité et ne s'éloigne jamais très longtemps. C'est là que tu pourras le trouver…

---

1. Naga signifie serpent en sanskrit. Le Naga est une des incarnations de Vishnu. Il est également une créature des mondes souterrains, une sorte de divinité de l'eau représentée avec un corps de serpent surmonté de plusieurs têtes.

Mon fils, je te demande de faire très attention et de ne surtout pas sous-estimer ce cheval.

– Ne t'inquiète pas, je serais prudent, dit le fils à son père.

Le fils du chasseur prit la route de très bonne heure. Le soleil n'était pas levé et les habitants de la vallée dormaient encore profondément.

Le jeune homme se fraya, sans trop de difficultés, un chemin jusqu'au mont Vishnu, et s'approcha de la source du Naga noir, mais il ne vit pas l'ombre d'un cheval à huit sabots alentour.

Il se mit à l'abri, en hauteur, dans un renfoncement de roche et attendit une bonne partie de la journée que le cheval daigne se montrer. Après avoir mangé et bu, il s'installa confortablement et commença à s'assoupir quand, soudain, la terre se mit à trembler.

En entendant ce bruit venu tout droit des enfers, le fils du chasseur se releva prestement et regarda autour de lui, mais tout ce qu'il put distinguer fut un épais nuage de poussière qui l'empêchait de voir quoi que ce fût.

Puis, tout à coup, comme surgi du Bardo[1], un énorme cheval ressemblant à un démon, apparut au milieu de toute cette poussière. Le cheval, d'une taille gigantesque, et en proie à une terrible colère, regardait le fils du chasseur les yeux semblables à des roues de feu.

Après l'avoir observé un instant, le cheval se jeta sur le jeune homme qui eut juste le temps de se mettre à l'abri

---

1. Bardo signifie entre-deux. C'est le stade intermédiaire entre la mort et la renaissance qui a une durée de 49 jours pendant lesquels le défunt expérimente un certain nombre d'états de conscience et de perceptions.

sur l'un des rochers surplombant sa cachette. Dans un fracas épouvantable, l'animal cogna contre la roche ; des gerbes d'étincelles en jaillirent et mirent le feu aux herbes alentour.

Lorsque la nuit tomba, le fils du chasseur se demandait toujours comment monter sur cette monture gigantesque. Il finit par s'endormir, ainsi que le cheval qui ne l'avait pas quitté des yeux.

Au petit matin, le fils du chasseur grimpa sur un arbre qui surplombait le rocher sur lequel il avait passé la nuit. Le cheval à huit sabots le suivait du regard.

Le jeune homme prit un morceau de tissu dans sa poche, l'agita en direction du cheval et cria :

– Wa yé ! Viens me chercher si tu oses ! Même si tu es fort et puissant, je parie que tu ne sais pas grimper aux arbres !

Le cheval fulminait et ses yeux lançaient des éclairs. Furieux, il se rua contre l'arbre sur lequel se trouvait le jeune homme qui le narguait et donna des coups de tête sur le tronc pour tenter de le faire tomber.

Le fils du chasseur se trouvait juste au-dessus de lui. Il avait attendu cette occasion pour se laisser glisser de sa branche et arriver sur le dos du gigantesque animal. Dès qu'il fut juché sur le dos du cheval, le jeune homme s'agrippa fermement à sa crinière.

Le cheval ne cessait de se cabrer sauvagement pour tenter de désarçonner son cavalier. Il agitait furieusement sa tête dans tous les sens. Sa crinière claquait comme un fouet et blessait le jeune homme à chaque fois qu'elle le touchait. L'animal avait beau ruer et frapper le sol de ses huit sabots, le jeune homme n'avait nulle intention de lâcher prise.

Le combat entre le cheval à huit sabots et le fils du chasseur dura toute la journée. Épuisé, l'animal abandonna la partie en début de soirée, lorsque le soleil commença à se coucher et que le fils du chasseur, tout aussi épuisé que lui, tenta de le rassurer en lui caressant doucement la tête. Le cheval décida, alors, d'accepter son nouveau cavalier et de faire la paix avec lui.

Le lendemain matin, le cavalier et son cheval prirent la direction de la maison du chasseur. Ils firent une halte près du point d'eau où le jeune homme avait, la première fois, vu la jeune femme à la couronne de fleurs.

Après s'être reposé quelques instants, au bord de l'eau, en compagnie de son cheval, le jeune homme vit, à nouveau, la même jeune femme qui approchait tranquillement, un seau à la main et une couronne de fleurs blanches tressées dans ses cheveux. Elle ne pouvait les voir car le fils du chasseur et sa monture étaient cachés par d'épais et hauts feuillages.

Le jeune homme, fier de lui et d'humeur taquine, banda à nouveau son arc et tira une flèche qui effraya la belle jeune femme et alla se ficher juste devant ses pieds. La jeune femme ramassa la flèche puis regarda en direction du fils du chasseur et l'aperçut en compagnie de son gigantesque cheval. Très en colère, elle lui dit :

– Tu penses que tu es un homme parce que tu possèdes un cheval à huit sabots ? La belle affaire ! Tu seras véritablement un homme, digne de remplacer ton père, lorsque tu auras épousé celle que tous nomment la Belle. Je pense que c'est l'épouse idéale pour un gars tel que toi, car il te faut sans cesse relever de nouveaux défis. La Belle a toute une cour autour d'elle, mais je suppose que c'est toi qui lui conviendras le mieux. Si tu parviens à surmonter tous les obstacles, elle te choisira comme époux. Mais je ne crois pas que tu parviendras jusqu'à elle, car tu n'es qu'un enfant qui essaie d'effrayer les autres et de leur montrer qu'il est un homme.

Elle jeta un dernier regard au fils du chasseur et à son cheval, prit de l'eau avec son seau et s'en alla rapidement dans la direction d'où elle était venue.

Le jeune homme retourna chez lui, acclamé par tous les habitants de la vallée, mais il n'en éprouva aucun plaisir. Son père le trouva triste et renfrogné :

— Je suis vraiment fier de toi, mon fils. Tu as réussi, là où tous les autres auraient échoué ! Mais je suis surpris de voir que tu n'en tires aucune satisfaction. Peux-tu me dire ce qui te rend aussi triste ?

— C'est vrai que je suis triste, Père. J'ai entendu parler d'une jeune femme que l'on nomme la Belle. Pourrais-tu me dire comment je pourrais la trouver ? J'ai l'intention de l'épouser.

— Et toi ? Pourrais-tu me dire qui t'as encore mis une telle idée dans la tête ? Je sais bien que la beauté de la Belle est devenue légendaire. Beaucoup d'hommes de la vallée ont essayé de la conquérir, mais tous ont échoué. Réussir une entreprise comme celle que tu aimerais tenter est impossible. Je t'en conjure, laisse tomber et trouve-toi une autre fille à épouser. Dans la vallée il y en a de fort belles et intelligentes. Elles seraient toutes flattées de t'avoir comme époux.

— Les autres femmes ne m'intéressent pas. C'est la Belle que je veux. En l'épousant, j'obtiendrais le respect de tous les habitants de la vallée.

Le fils du chasseur essaya de convaincre son père de lui dire où il pouvait trouver la femme de ses rêves, mais celui-ci refusa catégoriquement de lui céder. Le fils fit donc semblant d'abandonner la partie et décida d'aller se coucher en même temps que son père. Quand ce dernier fut profondément endormi, le fils prit ses affaires, se glissa hors de la maison, sella son cheval et s'en fut au galop dans un grand tourbillon de poussière.

Quand le père se réveilla, au petit matin, son fils et sa monture avaient disparu. Désespéré, le chasseur prépara un autel sur le toit de sa maison, y apporta des offrandes, puis invoqua les dieux pour protéger son fils, bien trop téméraire.

Le fils du chasseur, quant à lui, avait dans l'idée que la jeune femme à la couronne de fleurs tressées pourrait lui dire comment retrouver la Belle ; il se rendit donc près du point d'eau et attendit toute la matinée que la jeune femme vienne. Mais comme le temps passait et qu'elle ne se montrait toujours pas, il finit par se lever et se diriger dans la direction d'où elle était venue pour essayer de l'apercevoir et de lui demander la route qui le mènerait à sa Belle.

Peu après avoir quitté le point d'eau, le fils du chasseur pénétra avec son cheval dans une forêt qui devint de plus en plus dense et sauvage. Tous deux avaient du mal à avancer car le sol était loin d'être stable. Plus ils progressaient, plus le sol bougeait, comme lors d'un tremblement de terre. Le jeune homme finit par descendre de son cheval et monta sur un rocher surplombant la forêt pour tenter de comprendre ce qui se passait.

Le fils du chasseur fut très surpris de constater qu'il se trouvait sur un plateau sous lequel dormait un énorme dragon dont les ronflements faisaient trembler le sol.

Le jeune homme se dit qu'il n'était pas question de reculer. Il continua donc prudemment sa route, avec son cheval, et arriva dans une clairière où de nombreuses jeunes femmes se prosternaient devant d'un autel.

En voyant un aussi beau jeune homme marcher vers elles, les jeunes femmes s'arrêtèrent de rendre hommage à leur divinité, se relevèrent et firent cercle autour de lui.

— Wa yé, jeune homme, que fais-tu dans cette clairière? lui dit la plus âgée des jeunes femmes.

— Je cherche le chemin qui mène à ma future femme, celle que l'on nomme la Belle. Avez-vous entendu parler d'elle?

— Non, nous sommes toutes retenues prisonnières, ici, depuis trop longtemps, et nous n'avons pas entendu parler de cette jeune femme.

— Qui vous retient prisonnière?

— Le dragon qui dort sous le plateau. À chaque pleine lune, il se réveille et dévore l'une d'entre nous. Nous faisions des offrandes et demandions de l'aide aux dieux, quand tu es apparu. C'est de très bon augure. D'après ta tenue, je vois que tu es un chasseur. Pourrais-tu nous aider?

— Je ne vois vraiment pas comment je pourrais vous aider! Je n'ai encore jamais combattu de dragon et je ne connais pas la façon de les tuer.

— Alors, il te faut partir rapidement car nous sommes un jour de pleine lune, et notre bourreau ne va pas tarder à se réveiller.

Le sol se mit à trembler plus fort qu'avant et un rugissement terrifiant se fit entendre. Tout à coup, le dragon qui dormait sous le plateau surgit à l'autre bout de la clairière. Il se mit à cracher du feu en direction du jeune homme qui courut se cacher derrière un arbre sur lequel il grimpa sans se faire voir.

Lorsqu'il fut bien calé contre une branche, il se mit à bander son arc et attendit que le dragon se rapproche. Quand l'animal fut plus près, le jeune homme décocha une flèche qui vint se planter dans le cœur du dragon. Celui-ci se mit à rugir furieusement et à battre des ailes. Un sang sombre et épais jaillit de la blessure du dragon qui finit par s'écrouler au pied de l'arbre sur lequel était perché le fils du chasseur.

Les belles jeunes femmes acclamèrent leur sauveur qui descendit de son perchoir et contourna prudemment le dragon qui ne donnait plus aucun signe de vie. La plus âgée des jeunes femmes dit aux autres :

– Allez, mes sœurs, allez chercher de quoi restaurer et désaltérer notre héros. Il faut également s'occuper de son cheval qui doit avoir faim et soif.

Après avoir dit ces mots, la jeune femme se dirigea vers le dragon et arracha la flèche. Puis, elle l'ouvrit et lui retira le cœur qui se transforma en un énorme œil de Naga[1], de couleur noir. Elle donna la pierre à la plus jeune de ses compagnes, qui se tenait à ses côtés, et se dirigea ensuite vers le jeune homme, assis en compagnie des autres jeunes femmes. Il mangeait et buvait tranquillement.

Elle s'adressa à lui et dit :

– Tu nous as sauvées des griffes de ce dragon qui terrorisait la contrée depuis fort longtemps. Nous aimerions te remercier.

---

1. Gemme asiatique, assez rare, présentant différentes couleurs, utilisée pour ses pouvoirs.

– Vous n'avez pas à me remercier. Je suis heureux d'avoir pu vous délivrer.

– Nous tenons vraiment à te montrer notre gratitude. D'entre nous, celle que tu choisiras deviendra ton épouse.

– Je ne peux pas accepter, j'ai l'intention d'épouser celle que l'on nomme la Belle. Comme vous m'aviez dit que vous ne la connaissiez pas, je ne vois pas comment vous pourriez m'aider !

– Tu ne nous trouves pas suffisamment belles pour toi ? Tu sais, même s'il était cruel, le dragon avait du goût.

– Je sais. Vous êtes toutes plus belles les unes que les autres.

– Alors, choisis l'une d'entre nous.

Le jeune homme qui ne savait plus quoi faire, se tourna vers la jeune femme qui avait reçu l'œil de naga noir et dit :

– C'est toi que je vais choisir, petite sœur. Tu me sembles familière, mais je ne vois vraiment pas où j'aurais pu te rencontrer.

La plus âgée lui dit en souriant :

– Ne t'inquiète pas, fils de chasseur, tu auras tout le loisir de faire la connaissance de notre jeune sœur. Pendant que tu te reposes, nous allons vous préparer de quoi vous nourrir, toi et ton cheval, pendant votre voyage.

Lorsque tout fut prêt, la plus âgée remit au jeune homme de la nourriture, des boissons et quelques objets rituels. Le fils du chasseur et son cheval reprirent la route en compagnie de la plus jeune des jeunes femmes.

Ils traversèrent sans encombre la forêt et se retrouvèrent dans une vallée encaissée. Les parois de la montagne étaient abruptes et de là où ils se trouvaient, ils avaient du mal à voir le ciel.

La journée était déjà bien avancée quand le jeune homme voulut s'arrêter pour la nuit. Au loin, il vit l'entrée d'une caverne qui pouvait leur offrir un abri confortable. Il décida qu'ils y passeraient la nuit.

Au fur et à mesure qu'ils approchaient de leur but, le cheval devint de plus en nerveux et, à quelques mètres de l'ouverture, l'animal refusa de faire un pas de plus.

Le fils du chasseur mit pied à terre et s'approcha prudemment de l'entrée de la caverne. Soudain, il entendit un concert de ronflements provenant du fond de l'antre noir et une petite voix qui lui dit :

– N'approchez pas. Fuyez tant que vous le pouvez encore.

– Qui es-tu ? demanda le jeune homme. Et que fais-tu dans cet endroit ?

– Je m'appelle Péma[1], je suis la fille de la montagne. Je me trouve prisonnière d'une famille d'ogres. Ils m'ont enlevée alors que je ramassais du bois pour mes parents. Et maintenant, ils m'obligent à les servir. Mais je pense surtout qu'ils attendent que je sois plus grosse pour me dévorer. Alors, je ne mange presque rien et je fais semblant d'être faible et malade.

– Où sont ces ogres maintenant ?

– Ils sont tout au fond de la caverne et cuvent le tchang qu'ils ont bu toute la journée.

Le jeune homme s'approcha silencieusement de la fillette, toute maigre, dont les mains étaient attachées à un gros rocher. Il commença à défaire les liens qui la retenaient.

– Tu ferais mieux de partir au lieu de t'attarder ici. S'ils te voient, ils n'hésiteront pas à te dévorer. Ils mangent de la

---

1. Péma vient du sanskrit padma qui signifie lotus.

chair humaine, c'est même leur nourriture favorite, dit la petite au fils du chasseur.

– Je ne partirai pas d'ici sans t'avoir libérée. Nous allons sortir discrètement de la caverne et nous enfuir le plus rapidement possible. Mon cheval pourra tous nous porter.

– Merci, dit la fillette les larmes aux yeux.

Le jeune homme lui fit un sourire rassurant, essuya les larmes qui coulaient sur ses joues, puis continua de défaire les liens qui la retenaient prisonnière.

– Tu es vraiment très courageuse. Dans quelques instants tu seras libre. Je te ramènerai chez toi saine et sauve. Mais pour le moment évitons de faire du bruit.

Au moment même où il dit cela, le fils du chasseur sentit sur sa nuque un souffle chaud et fétide. La fillette se crispa et cessa de bouger. Le jeune homme se retourna lentement et vit devant lui un ogre immense qui le regardait de ses yeux jaunes, injectés de sang :

– Alors, comme ça tu as l'intention de nous voler notre futur déjeuner ? Pour ta gouverne, c'est ton odeur qui m'a réveillé. J'ai bien fait de voir d'où venait cet effluve de chair fraîche. Au moins, nous ne serons pas trop fatigués par notre chasse de ce soir. Puisque tu as eu la bonté de venir te jeter dans la gueule du loup, nous aurions tort de faire les difficiles !

Le fils du chasseur mit discrètement la main dans une des poches de sa tchouba et prit un phurbu[1] qui était l'un des objets rituels offerts par la plus âgée des jeunes femmes qu'il avait sauvées des griffes du dragon.

Le jeune homme ne bougeait plus. Il semblait aussi pétrifié que la fillette. L'ogre, surpris de ce manque de résis-

---

1. Poignard rituel tibétain à trois faces.

tance, se pencha, l'attrapa et le souleva de terre. Le fils du chasseur qui attendait d'être au bon niveau pour lui planter, avec toutes ses forces, le phurbu dans le cœur, paraissait minuscule à côté de l'ogre qui s'écroula sans avoir compris ce qui lui arrivait.

Sans perdre de temps, le jeune homme attrapa la fillette et se rua à l'extérieur. Il jucha l'enfant sur son cheval, sur lequel se trouvait déjà la jeune femme sauvée du dragon, y grimpa à son tour et partit au galop avant que la famille de l'ogre ne s'aperçoive de ce qui était arrivé à l'un d'entre eux.

Ils galopèrent un long moment. Puis, quand le jeune homme estima qu'ils étaient hors de danger, ils s'arrêtèrent pour la nuit. Le lendemain matin, après une bonne nuit de repos, ils se remirent en route et se dirigèrent vers le village où vivaient les parents de la fillette.

La fille de la montagne et ses amis furent accueillis à bras ouverts par tous les villageois. Le village leur rendit hommage et leur fit une grande fête. Le fils du chasseur reçut, en cadeau, un sac d'huile médicinale qui lui permettait de guérir toutes sortes de maux et de se prémunir des démons, vampires et ogres en tous genres.

Le lendemain matin, le jeune homme et la jeune femme sauvée du dragon quittèrent le village en y laissant la fillette. Ils se mirent en quête de celle qui l'on nommait la Belle. Les villageois leur avaient indiqué la route tout en dissuadant le fils du chasseur de poursuivre son projet.

Le jeune homme et la jeune femme voyagèrent plusieurs jours durant lesquels ils ne virent pas âme qui vive. La contrée où ils se trouvaient était désertique. Le soir de la cinquième journée, au moment de s'endormir, ils perçurent un bruissement inquiétant. La nuit était déjà tombée et ils n'arrivaient pas à voir d'où provenait le sifflement étrange qu'ils entendaient. Tous deux finirent par s'endormir, bercés par ce bruit insolite.

Au petit matin, un silence pesant régnait sur le plateau sur lequel ils s'étaient endormis. La jeune femme se leva et constata qu'elle était seule. Le cheval et son cavalier avaient disparu. À leur place il y avait un petit tertre de sable qui semblait bouger. Intriguée, la jeune femme s'approcha prudemment pour voir ce que cela pouvait bien être.

Elle regarda, puis recula horrifiée. La place où avait dormi le fils du chasseur était entièrement recouverte de sable et de serpents. Il en était de même pour l'endroit où s'était trouvé le cheval à huit sabots.

Étrangement, les serpents ne semblaient pas vouloir attaquer la jeune femme. Elle s'approcha à nouveau des deux tertres et s'aperçut que le jeune homme et sa monture se trouvaient toujours au même endroit, sous le sable et les serpents.

La jeune femme réfléchit un long moment, puis rassembla quelques brindilles, fit un feu et brûla de l'encens. Elle sortit ensuite, d'une poche intérieure de sa tchouba, un petit sac coloré, saisit l'œil de Naga noir qui se trouvait à l'intérieur et le brandit en direction des deux petits tertres tout en psalmodiant quelques prières. Les serpents cessèrent de bouger. Ils se tournèrent tous en direction de la pierre sacrée, puis, brusquement quittèrent de concert les deux monticules de sable et disparurent.

La jeune femme se précipita sur les monticules qui recouvraient le fils du chasseur et sa monture. Elle dégagea le sable qui dissimulait leurs corps, prit l'huile médicinale que leur avaient confiée les parents de la fillette et frotta la tête du jeune homme et de son cheval avec.

Petit à petit, le sang commença à circuler à nouveau dans les veines du fils du chasseur et de son cheval. Peu de temps après, tous deux reprirent leurs esprits, et se mirent debout comme s'il ne s'était jamais rien passé.

Après s'être restauré et avoir écouté le récit de la jeune femme, le jeune homme voulu reprendre la route en direction du village de celle que tous avaient nommée la Belle. À la fin de la journée, ils avaient traversé la région désertique et pénétraient dans une belle contrée boisée. Ils arrivèrent dans une vallée où coulait une rivière couleur turquoise. Le jeune homme sut qu'il était presque arrivé à destination :

— Cette nuit, nous camperons au bord de cette rivière et demain matin, j'irai jusqu'au village pour aller demander la main de la Belle, es-tu d'accord pour m'attendre ici ? demanda le jeune homme à la jeune femme sauvée du dragon.

— J'attendrai que tu reviennes. Comment me présenteras-tu quand les villageois te demanderont qui je suis ?

— Quand j'aurais obtenu la main de ma bien-aimée, je lui parlerai de toi. Je lui dirai que tu es comme ma petite sœur et que j'ai l'intention de m'occuper de toi et te trouver un bon mari quand nous serons rentrés dans mon pays, lui répondit le fils du chasseur.

— Et si elle ne te plaisait pas ? Ne préférerais-tu pas rester avec moi ? Au moins, tu me connais…

— Oui, je te connais et je t'apprécie énormément, mais j'ai donné ma parole et engagé mon honneur, alors je ne peux plus changer d'avis. Je resterai fidèle à ma décision. Allons nous coucher maintenant.

— D'accord, mais avant de t'endormir, j'aimerais te confier l'œil de Naga noir. Qui sait ce qui peut encore arriver…

Le lendemain matin, le jeune homme prit congé de la jeune femme sauvée des griffes du dragon et se dirigea tranquillement vers le village où vivait sa bien-aimée. Sa maison ne fut pas difficile à trouver. Toutes les personnes qu'il interrogea lui en indiquèrent le chemin. Elles lui dirent également que le père de la jeune femme gardait jalousement sa fille et empêchait tout prétendant de l'approcher.

Quand il arriva devant la maison de sa belle, il vit un homme qui le fixait sévèrement et le dévisageait de la tête aux pieds :

– Que veux-tu ? demanda l'homme sur un ton désagréable.

– Je suis le fils du chasseur, d'une contrée bien au-delà du pays des trois montagnes, et je viens vous demander la main de votre fille, celle que l'on nomme la Belle. J'ai fait un long voyage jusqu'ici et j'ai bravé bien des obstacles.

– Pourquoi devrais-je t'accorder la main de mon unique fille ?

– Je suis courageux, travailleur et je l'aimerai de tout mon cœur.

– C'est ce qu'ils disent tous. En attendant, tu vas entrer dans ma maison, te restaurer et aller dormir. Je crois que tu en as bien besoin, mon garçon. Nous reparlerons de tout ça demain matin. De plus, je ne suis pas le seul à décider. Ma fille est difficile et je ne sais pas si tu pourras lui convenir.

Le jeune homme entra dans la maison du père de la belle. Il reçut de la nourriture et de la boisson en quantité suffisante. Le père envoya également quelqu'un s'occuper de son cheval.

Toute la soirée, le père insista lourdement pour que le jeune homme boive du tchang, mais celui-ci résista et resta

181

sobre jusqu'à l'heure du coucher. Dépité et de fort mauvaise humeur, le père finit par conduire le jeune homme, épuisé, à la chambre où celui-ci allait enfin pouvoir se reposer, et s'enfuit sans même lui dire bonne nuit.

Comme, à l'extérieur, la nuit était déjà tombée et que le père de la Belle avait oublié de lui laisser une lampe, le fils du chasseur pénétra dans une pièce toute sombre. Il tâtonna un moment pour tenter de se repérer dans l'obscurité, puis, soulagé, sentit sous ses doigts une couche sur laquelle il put enfin s'allonger.

Il était couché depuis peu de temps et cherchait vainement le sommeil quand il entendit la porte de sa chambre s'ouvrir tout doucement. Il ferma les yeux et fit semblant de dormir. Il sentit un souffle chaud sur son visage et entendit quelqu'un glisser un objet à l'intérieur de la pièce et s'en aller prestement en refermant la porte à double tour.

Pendant un moment tout fut calme et silencieux. Puis, le jeune homme perçut les mêmes sons que ceux qu'il avait entendus sur le plateau désertique avant de s'endormir. Effrayé, il n'osa pas faire le moindre mouvement. Il fouilla, discrètement, dans ses poches pour trouver de quoi se défendre, mais se souvint qu'il avait laissé son phurbu sur la table de son hôte. Tout ce qu'il put agripper fut l'œil de Naga noir que lui avait donné la jeune femme sauvée des griffes du dragon.

Dès que le jeune homme sortit la gemme de sa poche, celle-ci commença à briller doucement dans la pénombre de la pièce qu'elle se mit à éclairer. Le fils du chasseur inspecta, du regard, sa chambre et découvrit que le sol grouillait de petits serpents très agressifs. Lorsque ces derniers aperçurent l'éclat diffusé par l'œil de Naga noir, ils se dressèrent immobiles et fascinés, et regardèrent la pierre, comme hypnotisés.

Le jeune homme, tenant toujours l'œil de Naga dans ses mains, se leva prudemment et attira les serpents dans leur panier. Quand il n'en resta plus aucun sur le sol de la pièce, il referma le couvercle de la corbeille, mit un poids dessus et retourna se coucher. Il laissa la pierre bien en vue sur son lit et s'endormit rapidement.

Le lendemain matin, le père de la belle entra en catimini dans la pièce un sourire narquois et triomphant sur les lèvres. Il s'arrêta dans son élan, surpris de constater que le jeune homme l'attendait, frais et dispos, assis sur son lit. Le père jeta un œil sur le panier qui contenait les serpents, vit que celui-ci était fermé et qu'un énorme poids se trouvait sur le couvercle.

– Bonjour, j'ai très bien dormi et je vous en remercie. J'ai vu que vous aviez laissé un panier dans la pièce et comme je ne voulais pas que quelqu'un butte dessus en entrant ici, j'ai mis, par sécurité, sur le couvercle, un poids suffisamment important.

Le père de la belle, embarrassé, bredouilla quelques paroles inintelligibles et demanda au jeune homme de le suivre. Celui-ci s'exécuta, un sourire aux lèvres.

Après lui avoir donné de quoi se restaurer, le père dit au fils du chasseur:

– Ma fille t'attend au milieu de la place du village, mais pour l'approcher et obtenir sa main, il te faudra la délivrer du cercle de feu dans lequel elle se trouve. Tu devras te servir de ton arc et tes flèches, sur un cheval lancé au grand galop. Tu auras droit de faire trois fois le tour de la place sur le cheval pour libérer ma fille des flammes. Si tu n'y parviens pas, il te faudra repartir sans jamais revenir dans ce village et ma fille te sera perdue à jamais.

– Je n'ai nullement l'intention d'échouer dans cette épreuve. Dans toutes les compétitions de tir à l'arc, j'ai toujours été le meilleur de ma région, dit le jeune homme.

– Nous ne sommes pas dans ta région. Garde ta salive pour ton épreuve, lui répondit le père maussade. Je n'ai encore jamais vu un seul des prétendants de ma fille arriver jusque-là, et je ne crois pas que tu seras celui qui y parviendra.

Le fils du chasseur fut amené sur la place du village où l'attendaient tous les villageois. Au centre de cette place se tenait une jeune femme, debout au milieu d'un cercle de flammes. Le jeune homme pouvait difficilement distinguer ses traits car le feu produisait trop de fumée.

Des sortes de poteaux inclinés, au nombre de huit, au sommet desquels étaient suspendus d'immenses seaux d'eau, étaient dressés tout autour de la barrière de feu. Chaque seau était attaché par une corde. Le jeune homme fit lentement le tour de la place et observa attentivement les cordes qui retenaient les seaux suspendus aux poteaux.

Un homme vint à sa rencontre et lui dit :

– Je suis l'oncle maternel de la jeune femme que tu convoites tant. Maintenant que tu as fait le tour de la place, il faut te décider à monter sur ton cheval. Suis-moi, je vais t'amener auprès de celui que je t'ai préparé. Il est temps que tu nous montres ce dont tu es capable. Nous nous sommes tous réunis, aujourd'hui, pour assister à ton exploit. Si tu arrives à délivrer la Belle, tu pourras repartir avec elle et ta réputation de héros dépassera les frontières.

– Je tâcherai de ne pas vous décevoir, répondit le jeune homme en enfourchant la monture que lui avait préparée l'oncle maternel de la Belle. Je rendrai votre nièce heureuse. Avec moi elle ne manquera de rien.

– Si tu échouais, ce n'est pas moi que tu décevrais, mais ma nièce. Au lieu de te faire des illusions, essaie déjà de ne pas tomber de ce cheval. Il est fougueux et n'accepte personne d'autre que son maître. Il te sera difficile de tenir sur la selle.

– Cela ne me fait pas peur, dit le jeune homme en tapotant doucement l'encolure de l'animal qui commençait à se rebiffer. J'ai dompté le cheval à huit sabots qui, aujourd'hui, me suit comme s'il était mon chien.

– J'ai vu ce cheval et je t'en félicite, répondit l'oncle. Mais maintenant concentre-toi et tâche de remporter la victoire.

Le fils du chasseur salua l'oncle maternel d'un signe de la tête, puis se baissa et chuchota quelque chose à l'oreille du cheval qui se calma aussitôt et se mit à trottiner tranquillement. L'oncle maternel regarda la scène et sourit.

Le jeune homme se mit sur la ligne de départ, banda son arc et lança son cheval au galop. Il n'eut pas le temps de terminer son premier tour qu'il avait déjà sectionné les cordes de quatre seaux qui déversèrent leurs eaux sur les flammes qu'elles commencèrent à éteindre. Lorsqu'il fut à la moitié de son deuxième tour, il avait coupé toutes les cordes de ses flèches, et l'eau contenue dans les seaux avait totalement noyé le feu qui encerclait la Belle.

Les villageois, cloués de stupeur à la vue de l'exploit accompli par le fils du chasseur, se ressaisirent et acclamèrent de tout leur cœur le jeune homme pour lequel ils éprouvaient, soudain, une vive admiration.

L'oncle maternel avança vers le fils du chasseur et lui dit :

– Bravo, jeune homme. Je te félicite, tu es aussi valeureux qu'adroit. Tu as vraiment mérité d'épouser ma nièce. Descends de ce cheval et suis-moi. J'aimerais te présenter ta future épouse.

Le fils du chasseur descendit de son cheval et avança, avec l'oncle maternel, vers la jeune femme qui se tenait toujours au centre de la place du village. Son cœur battait à tout rompre. La fumée qui entourait la jeune femme se dissipa et le jeune homme put enfin admirer son visage. Il s'arrêta, stupéfait. Devant lui se tenait la jeune femme qu'il avait laissée près de la rivière, avant d'arriver au village et qu'il avait sauvée des griffes du dragon. Elle portait une couronne de fleurs blanches tressées dans ses cheveux.

– Mais, je te connais! Tu es la jeune femme qui m'a accompagné jusqu'ici et que j'ai sauvée des griffes du dragon! Et tu portes aussi la même couronne de fleurs que la jeune femme que j'ai aperçue à deux reprises près d'un point d'eau! Je me disais bien que je t'avais déjà vue quelque part! Pourquoi ne m'as-tu rien dit? Pourquoi m'as-tu laissé me comporter comme un imbécile? Tu aurais tout de même pu me dire que tu étais celle que l'on nomme la Belle!

– Je n'en avais aucune envie! Il fallait que je sache à qui j'avais à faire! Je voulais connaître mon futur mari et savoir si les qualités dont il se vantait et dont tout le monde le parait étaient bien réelles.

– Et quelle est ta conclusion? Suis-je digne d'être ton époux?

– Je serai ravie de t'avoir comme époux. Tu es brave, courageux, adroit, puissant, fidèle et beau. Tu as toutes les qualités qu'une épouse peut désirer, lui répondit-elle en lui tendant deux flèches qu'elle avait cachées dans la poche de son tablier.

– Ce sont des traits qui m'appartiennent! dit-il en regardant les flèches qui portaient toutes deux des plumes de couleur rouge. Ce sont celles que j'ai tirées lorsque tu étais près du point d'eau!

– Je les ai gardées pour pouvoir te les remettre un jour comme aujourd'hui, lui répondit la jeune femme en lui faisant son plus beau sourire. Et moi, penses-tu que je suis digne d'être ton épouse?

– Bien sûr! Je serai le plus heureux des hommes avec une épouse telle que toi. Tu es belle, intelligente, courageuse et avisée. Aucune autre femme ne pourrait être ton égale, lui répondit le jeune homme en la regardant avec amour.

Les villageois acclamèrent les paroles des futurs époux et les accompagnèrent jusqu'à l'écurie où se trouvait le cheval à huit sabots qui les attendait avec impatience.

La jeune femme fit ses adieux à sa famille et aux habitants de son village et monta sur le dos du cheval sur lequel se trouvait déjà son futur époux. Ils chevauchèrent plusieurs jours avant d'atteindre la vallée où habitait le fils du chasseur.

Le père, désespéré depuis le départ de son fils, se mit à pleurer lorsqu'il le vit sain et sauf en compagnie d'une aussi belle jeune femme. Il fit une grande fête en l'honneur de son retour et remercia les dieux qui l'avaient épargné.

Toute la vallée célébra les noces du fils du chasseur et de la Belle et tous vécurent de longues et heureuses années dans l'abondance et la prospérité.

Table des matières